(Par le comte A. de Martel.)

ÉTUDE SUR L'AFFAIRE

DE LA

MACHINE INFERNALE

DU 3 NIVOSE AN IX

ÉTUDE SUR L'AFFAIRE

DE LA

MACHINE INFERNALE

DU 3 NIVOSE AN IX

Par M. A. DE M.

PARIS

E. LACHAUD, LIBRAIRE-ÉDITEUR

4, PLACE DU THÉATRE-FRANÇAIS, 4

1870

AVERTISSEMENT

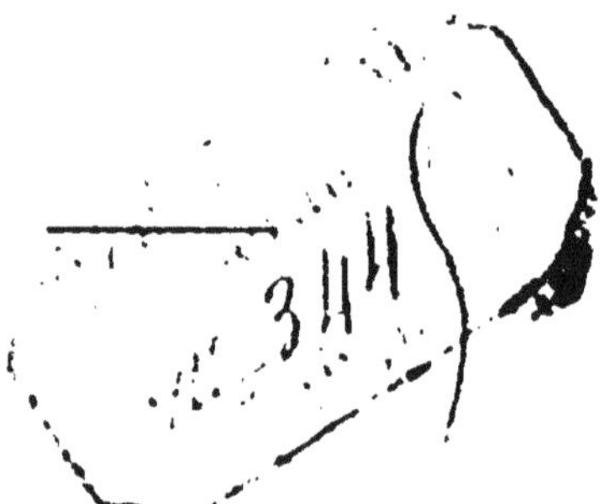

Quelques mots expliqueront ce qui m'a décidé à aborder l'étude de l'affaire de la machine infernale du 3 nivôse an IX.

Élevé dans une famille profondément divisée
d'opinions et bien cruellement éprouvée par
nos troubles civils, j'ai entendu raconter alter-
nativement par des Bleus et par des Blancs les
épisodes de cette époque sanglante.

Pour ne parler que de ma plus étroite pa-
renté : le frère aîné de mon père a été fusillé,
comme émigré, par les républicains ; son demi-
frère a été tué, comme bleu, par les chouans ;
mon grand-père et ma grand'mère étaient en
prison comme suspects, leur gendre était à la

tête de l'administration d'un des départements de l'Ouest. Ma grand'mère maternelle a été jetée en prison et condamnée à la déportation ; ma mère, à onze ans, par un hiver des plus rigoureux, allait à trois heures du matin faire queue pour avoir les quelques onces de pain noir que la république dans sa générosité faisait distribuer à une population affamée. Par une fatalité sans nom, le fils de celui de mes oncles qui a été tué comme Bleu par les chouans commandait, en juin 1848, la colonne du Luxembourg, et succombait sous les coups des insurgés.

En 1832 j'ai vu, sans les partager, les haines implacables qui divisaient les parents les plus proches, les amis les plus intimes ; tous les souvenirs de nos troubles se réveillèrent alors. A la violence avec laquelle chacun parlait de ses adversaires, je n'ai que trop compris les excès que les deux partis avaient commis pendant la révolution.

L'attentat du 3 nivôse mérite une attention particulière ; il exerça une très-grande influence sur l'esprit du Premier consul, et par suite sur la direction de son gouvernement. C'est à l'histoire de cette époque à faire ressortir l'action qu'il eut sur les destinées de la France. Pour moi, je me suis contenté de réunir les documents qui permettent de connaître cet événement dans tous ses détails.

Cette étude, restreinte dans les limites que j'indique, a exigé près d'une année de recherches.

Je dois à cette persévérance la découverte de pièces très-importantes. Ces pièces et la comparaison continue et incessante de tous les documents que j'avais déjà, m'ont permis de saisir des rapports qui m'avaient d'abord échappé.

Rien ne m'a mieux expliqué les erreurs que l'on rencontre à chaque instant dans les histoires générales. Quelles que soient leur puissance où leur facilité de travail, les écrivains assez audacieux pour entreprendre, malgré ses difficultés sans nombre, l'histoire d'une époque aussi tourmentée et aussi complexe, sont dans l'impossibilité matérielle de consacrer à chaque événement le temps et le labeur indispensables pour les approfondir. S'ils voulaient remonter aux sources pour chaque fait un peu important, les ouvrages qu'ils improvisent en quelques années absorberaient l'existence entière de l'homme le plus laborieux. Il leur faudrait surtout se condamner à faire eux-mêmes des recherches trop délicates pour pouvoir être confiées à des secrétaires.

Il y a des pièces, souvent décisives, dont l'importance apparente est minime. Leur valeur réelle ne peut être appréciée que par les hommes à qui une étude prolongée d'une époque permet de saisir des rapports qui échappent à tout autre.

Bien des fois j'avais entendu conter l'affaire de la machine infernale ; mais je sais trop ce que les traditions, quand les passions politiques sont en jeu, contiennent d'erreurs volontaires ou involontaires, pour m'en rapporter aux récits de contemporains, même le plus dignes de confiance. Aussi j'ai contrôlé leurs dires à l'aide de tous les documents écrits que j'ai pu découvrir; ils sont très-nombreux. Je donne textuellement dans cette étude les pièces les plus importantes. Par suite ceux qui la liront pourront apprécier par eux-mêmes tous les faits qu'elle contient.

Les détails peu connus, que l'on verra plus

loin, sur l'affaire de la machine infernale, m'ont été donnés par deux hommes qui ont vécu avec des personnes mêlées comme témoins ou comme acteurs à ce sinistre épisode de nos guerres civiles.

J'ai fait, tant à Paris qu'en province, des recherches minutieuses dans les dépôts publics où j'espérais trouver des documents sur cette affaire.

Partout j'ai reçu un accueil d'une extrême bienveillance, dont je tiens à exprimer ici ma vive reconnaissance. On a secondé toutes mes recherches en me donnant les plus grandes facilités, sauf dans un établissement où le sentiment d'une responsabilité mal comprise m'a fait refuser la communication des documents que je demandais.

Si je fais allusion à ce fait, c'est que je tiens à constater que, si quelques documents ont pu m'échapper, ce n'est pas par négligence de ma part, mais par suite de l'impossibilité où ce refus m'a mis de les consulter. Je crois, du reste, pouvoir affirmer que ces documents ne pourraient que compléter les détails, déjà très-

étendus, que j'ai réunis sur tous les points réellement importants de l'affaire du 3 nivôse. Les
pièces que j'ai eues entre les mains suffisent
pour qu'aucun doute sur l'exactitude de ce
récit ne soit possible.

Ce travail a exigé le dépouillement d'une
quantité très-considérable de papiers de toute
nature. On en jugera par un seul fait. Les
documents les plus importants sont enfouis
dans plus de cinquante liasses ou cartons.
Comme j'ai fait moi-même ces recherches
avec le plus grand soin, j'espère qu'il ne s'est
pas glissé d'erreurs dans ce travail. Quelques-
unes des dates qui y sont données ne sont pas
celles des documents imprimés ; cela vient de ce
que les procès-verbaux et autres pièces manu-
scrites portent des dates différentes de celles
données, notamment dans le rapport du préfet
de police.

Le *Moniteur* mentionne également le premier
départ des républicains déportés, comme ayant
eu lieu le 20 nivôse ; il donne les noms de ceux
qui sont partis ; de prime abord, cette date paraît indubitable. Une lettre autographe du 21

nivôse, adressée par Fouché au préfet de police prouve qu'il n'en est rien. Enfin, le procès-verbal de la levée d'écrou, dressé au greffe de Bicêtre, constate que le départ des prisonniers n'eut lieu que le 22 à sept heures du matin.

Je donne ce détail d'une importance très-secondaire, uniquement pour prouver le soin qui a présidé à mes recherches. Si je n'avais fait un dépouillement minutieux de divers dossiers en apparence étrangers à l'attentat du 3 nivôse, je n'eusse pas trouvé quelques-uns des documents les plus importants concernant cette affaire.

La cause des erreurs commises par presque tous les écrivains qui ont donné des récits de l'affaire du 3 nivôse est bien simple. Il suffit de comparer leurs dires avec la lettre de Saint-Réjant à Georges, et surtout avec le rapport de Fouché du 11 pluviôse, pour acquérir la preuve qu'au lieu de remonter aux sources, ce qui eût exigé un travail très-long, ils se sont contentés de parcourir le *Moniteur* et de copier avec plus ou moins d'habileté ces deux documents qui contiennent des faits complétement faux.

En négligeant d'en vérifier l'exactitude, ils ont été dupes de la fourberie de Fouché et de l'impudence avec laquelle il altère la vérité.

Ce rapport contient un grand nombre d'erreurs volontaires. Fouché ne s'est proposé qu'un seul but : cacher l'ignorance dans laquelle il resta si longtemps, et ses fautes, qui, dans l'affaire du 3 nivôse, furent nombreuses. Dans ce singulier factum, il proclame sur tous les tons qu'il est le plus habile de tous les ministres qui aient jamais existé, et que sa police est infaillible. « Dès le mois de frimaire, dit-il, la police dont les mains invisibles environnaient les scélérats a entendu tous leurs discours, suivi tous leurs pas, etc. »

Pour rester dans la vérité, il faut beaucoup rabattre des singulières prétentions de Fouché. Les pièces qu'on trouvera plus loin, pièces dont le plus grand nombre émane de Fouché lui-même, prouvent qu'en frimaire des avis arrivés de Rennes lui firent *soupçonner* la présence à Paris d'officiers de Georges animés des intentions les plus malveillantes contre le Premier consul. Ce fut seulement le 29 nivôse que ce ministre ont la preuve que les véritables auteurs de l'attentat du 3 étaient les royalistes.

Dans une correspondance aigre-douce, échangée entre Dubois et Fouché, réclamant chacun pour ses agents, c'est-à-dire pour lui-même, le mérite de l'arrestation de Carbon, Fouché est obligé de faire l'aveu que c'est le 23 nivôse seulement qu'il a donné à la préfecture de police des indications précises concernant Carbon. Voici, du reste, un passage de la dépêche du ministre de la police : « Je vous observe que les indications les plus précises, *les seules* qui aient conduit vos agents au domicile du petit François, vous ont été transmises par ma lettre du 23 *nivôse*. »

Voici une preuve matérielle plus piquante encore de l'impudence avec laquelle Fouché altère la vérité dans son rapport du 11 pluviôse. Si Fouché avait eu, comme il le prétend, deux agents qui, jusqu'au 15 frimaire, auraient connu tous les hommes prenant part au complot, on eût possédé au ministère de la police les noms, au moins les noms de guerre, de tous les hommes compromis dans ces machi-

nations, ainsi que leurs signalements donnés
de la manière la plus exacte. Il n'en est rien.
Le 15, ou plutôt le 18 frimaire, Fouché donne
à Dubois l'ordre de faire arrêter Pierrot, dit Régent; non-seulement il ne connaît pas le nom
de Saint-Réjant, mais on voit qu'il prend le nom
de guerre pour le véritable nom; ce n'est pas
tout, il donne un signalement complétement
inexact.

Le 29 frimaire, c'est bien mieux. Fouché envoie à Dubois l'ordre de faire arrêter Pierrot,
dit Régent, Limoëlan, Joyau et Saint-Hilaire.
Les renseignements que lui ont donnés ses deux
prétendus agents sont tellement incomplets, qu'il
ne sait pas si chacun de ces noms représente
une individualité différente, ou si c'est le même
homme qui prend tous ces noms divers.

Enfin, pour qu'aucun doute ne puisse exister,
il suffit de lire une lettre de Fouché du 13 nivôse, dans laquelle il donne l'ordre de rechercher avec la plus grande activité, mais avec la
plus grande prudence, les personnes dont les
noms suivent : Limoëlan, dit Beaumont; Joyau,
dit d'Assas; Lahaye Saint-Hilaire; Saint-Réjant,

dit Pierrot; Dufou ou Dufour, et Saint-Andeol.

« Tous officiers de Georges, venus clandestinement à Paris, où ils se tiennent cachés depuis leur arrivée. On doit tâcher *d'obtenir leurs signalements* et savoir s'ils sont à Paris. »

On voit, par cette note, que le 13 nivôse Fouché n'avait pas encore le signalement exact d'un seul des hommes dont ses soi-disant agents auraient, dès frimaire, *entendu tous les discours, suivi tous les pas.*

Le rapport du 11 pluviôse aux Consuls prouverait matériellement, si cela était encore nécessaire, que Fouché est un des fourbes les plus impudents, un des charlatans les plus audacieux et un des menteurs les plus effrontés qui aient jamais existé.

LA

MACHINE INFERNALE

Le 3 nivôse, an IX, entre sept et huit heures du soir, une charrette de grainetier, attelée d'un cheval, entra dans la rue Saint-Nicaise.

Une bâche soigneusement fermée dérobait à tous les regards une barrique de 240 litres, entourée de cercles de fer, placée tout à fait à l'arrière. Du fumier, du foin, de la paille, un sac d'avoine et une futaille vide entouraient et cachaient entièrement la barrique. Sept ou huit pavés ou moellons, ramassés en chemin et placés sur le devant, complétaient, l'étrange chargement de cette charrette.

Cette voiture était conduite par un homme

mal vêtu. Il portait une vieille carmagnole, assez sale, recouverte d'une blouse bleue. Il arrêta sa charrette presqu'à l'angle de la rue Saint-Nicaise et de la rue de Malte. La tête du cheval était tournée du côté des Tuileries. Ayant trouvé là une jeune fille de quatorze ans, appelée Peusol, il lui proposa de tenir son cheval. Elle y consentit pour quelques sous probablement.

Une voiture de place, la tête du cheval tournée au contraire vers la rue Saint-Honoré, vint se placer à la hauteur de la charrette, et barra complétement la rue Saint-Nicaise.

Vers huit heures un quart, la voiture du Premier consul entra dans cette rue. Le général Bonaparte s'y trouvait avec Lannes, Bessières et Lauriston. Des grenadiers à cheval l'escortaient. Quelques-uns précédaient la voiture du Premier consul d'une vingtaine de pas. L'un d'eux, appelé Durand[1], voyant la rue complétement barrée, poussa son cheval entre la charrette et la voiture de place. Elles étaient si rapprochées, qu'en passant le cheval se blessa à la jambe.

---

[1] Déposition de Durand ; pièces justificatives, n° 1.

Le grenadier Durand força le conducteur de la voiture d'avancer du côté de la rue Saint-Honoré, en le menaçant avec son sabre. Le cocher du général Bonaparte, qui, en apercevant l'obstacle, avait dû ralentir l'allure de ses chevaux, ayant assez de place pour avancer par suite du départ de la voiture qui barrait la rue, dépassa rapidement la charrette, et entra dans la rue de Malte.

Tout cela se fit en si peu de temps, que les grenadiers et les gens du Premier consul ne purent donner aucun renseignement sérieux, ni sur la voiture de place que la police ne parvint pas à retrouver, ni sur la charrette, ni sur les personnes qui étaient auprès.

A peine la voiture du Premier consul et les grenadiers à cheval étaient-ils entrés dans la rue de Malte, qu'une épouvantable explosion se fit entendre.

Presque toutes les personnes qui se trouvaient dans la rue Saint-Nicaise furent tuées ou blessées. Dans un premier mouvement de terreur, tous ceux qui avaient conservé assez de force pour marcher se sauvèrent.

La rue Saint-Nicaise était jonchée de débris de toute espèce. La charrette n'existait plus, les diverses pièces en avaient été projetées à de grandes distances. Tout l'arrière-train du cheval était emporté ou brûlé. Les deux pieds de la jeune fille qui tenait le cheval par la bride furent tout ce qu'on trouva d'entier de cette malheureuse; l'homme en blouse bleue avait disparu. Aucun des témoins, du reste, ne put donner des renseignements de quelque importance. Toute leur attention s'était portée sur le Premier consul et sur son escorte.

Un seul homme a su exactement ce qui s'était passé dans ce moment fatal. Cet homme, c'était Saint-Réjant, l'homme à la blouse bleue.

Voici comment il rendit compte à Georges de ce qui s'était passé rue Saint-Nicaise :

« Mon cher ami, je te déclare que je suis décidé à ne pas quitter ce pays que je n'aie entièrement fait tous les achats dont nous sommes convenus pour notre commerce ; je te prie, en conséquence, de me faire passer cinquante louis ; c'est à peu près tout ce qu'il me faut pour acheter les marchandises qui me sont nécessaires. Si le commerçant qui t'est allé trouver n'eût pas parti plus vite qu'il ne me l'avait dit, alors j'aurais pu t'écrire moi-même pour te rendre un compte exact de mes opérations ; mais l'état de mes yeux malades ne m'a pas permis de t'écrire ; ni le commerçant qui t'a vu, ni aucun autre, ne peuvent te faire le récit exact, car ils étaient trop éloignés, et moi seul étais à la Bourse.

« Je cesse de te parler commerce, pour t'entretenir de l'événement du 3 nivôse qui a été dirigé contre le Premier consul. Parmi les diverses relations, *voici la plus exacte :* une personne avait promis de prévenir le malfaiteur du moment du départ du Premier consul ; elle ne le fit pas. On avait assuré au malfaiteur que la voiture du Premier consul était précédée d'une avant-garde, ce qui n'était pas. Le malfaiteur, seul et privé des renseignements qu'on devait lui donner, ne fut averti de l'arrivée de la voiture que quand il la vit ; aussitôt il se disposa à accomplir son projet. A ce moment, le cheval d'un grenadier le poussa durement contre le mur et le dérangea. Il revint à la charge et mit le feu de suite; mais la poudre ne se trouva pas aussi bonne qu'elle l'est ordinairement, et son effet fut de deux à trois secondes plus lent qu'il ne devait l'être; car, sans cela, le Premier consul périssait inévitablement : c'est la faute de la poudre et non celle du malfaiteur. Si le hasard me favorise assez pour te revoir, je désire avoir une explication avec mes associés devant toi et devant ton camarade; c'est là que je les attends[1].»

Saint-Réjant a-t-il rendu fidèlement compte à ses complices de ce qu'il avait fait dans ces quelques secondes? Il est permis d'en douter, pour des motifs graves. Il lui fallait se justifier de l'insuccès d'un acte tellement odieux qu'aucun de ses auteurs n'a jamais voulu en accepter la responsabilité. Sous le poids de la réprobation universelle qui a flétri leur crime, tous, même ceux dont la participation était évidente, ont tâché de cacher la part qu'ils y avaient prise.

[1] Le brouillon de cette lettre, au dire des experts, avait dû être écrit par Limoëlan. Il fut trouvé rue des Prouvaires, dans la chambre de Saint-Réjant, avec un billet de Georges, signé Gédéon.

Au moment de l'explosion de la machine infernale, la police se trouva en présence de l'inconnu. Les fauteurs de cet effroyable attentat n'avaient laissé aucune trace. Ils avaient tous disparu, sans que personne pût donner de renseignements sur eux.

On commença alors une instruction minutieuse, à l'aide du cadavre du cheval et des débris de la charrette.

On voit, par les rapports des vétérinaires et du commissaire de police, que la jument avait eu le train de derrière brûlé ou emporté, mais que l'avant-main avait peu souffert, en sorte qu'ils purent en faire un signalement exact.

Le 6 nivôse, Lambel, grainetier, prévenu par les journaux, se rendit de lui-même à la préfecture de police avec Legros, maréchal, qui, depuis longtemps, ferrait une jument vendue par Lambel, le 29 frimaire, avec une charrette pour 200 francs, à un marchand forain. Lambel reconnut, ainsi que le maréchal, la bête qu'on leur présenta pour être sa jument. Il reconnut également les débris de la charrette qu'il avait vendue en même temps.

Il donna un signalement très-exact et très-détaillé de l'individu auquel il les avait vendus avec un boisseau de pois et un boisseau de lentilles.

Dans un de ses interrogatoires, Lambel déclara également qu'il avait acheté cette jument, il y avait cinq ans, au Marché aux chevaux, d'un maquignon dont il ne savait pas le nom, mais qui demeurait rue Bleue.

Le 8 nivôse, Thomas, loueur de carrosses, vint déclarer qu'il croyait que c'était dans la maison qu'il habitait, rue Paradis-Poissonnière, 23, que la machine infernale avait été préparée. Un soi-disant marchand forain avait loué du propriétaire de la maison, M. Mesnager, une remise, au prix de 25 francs pour trois mois. Thomas reconnut la jument, et donna pour le soi-disant marchand un signalement identique à celui indiqué par Lambel. Sa femme, la concierge, ainsi qu'une vingtaine des locataires de cette maison, fournirent des renseignements parfaitement concordants, et de plus signalèrent deux hommes qui étaient venus rejoindre celui qui avait loué la remise et amené la charrette.

La concierge, femme Roché, fit connaître un détail grave. On lui avait demandé une tasse pour mettre de l'eau dans une barrique. Quoiqu'on eût rincé cette tasse, quand on la lui rendit, elle avait une odeur de poudre ou de soufre si forte, que pour la faire disparaître il fallut laver cette tasse plusieurs fois à l'eau bouillante.

Puis vinrent ceux qui avaient vendu les tonneaux, puis celui qui avait mis à la barrique des cercles de fer, recouverts de cercles en bois. Tous donnèrent identiquement le même signalement.

Du 6 au 10 nivôse, la police avait ainsi obtenu d'une manière certaine le signalement de l'un des trois hommes qui avaient dû prendre la part la plus directe à l'attentat. Quels étaient ces trois hommes? Le Premier consul et la majeure partie des membres du gouvernement soupçonnaient et accusaient les républicains; Fouché et quelques autres soupçonnaient et accusaient les royalistes.

On commença d'abord par arrêter les républicains les plus ardents. Cent soixante-deux informations furent dirigées contre des personnes pour la plupart compromises par des propos violents ou des menaces.

Du 11 au 14 nivôse, on confronta avec les témoins qui avaient vu les auteurs de l'attentat deux cent vingt-trois républicains qui étaient arrêtés.

Ils n'en reconnurent aucun.

Le 13 nivôse, Fouché crut un instant avoir découvert les véritables coupables dans quelques officiers de Georges, dont la présence à Paris avait été signalée en frimaire; c'étaient Limoëlan, Saint-Réjant, Joyau, Saint-Hilaire et un autre chouan, dont le nom de guerre était le petit François. Le signalement de l'homme qui avait acheté le cheval et la charrette se rapportait parfaitement à cet individu. Le 14 nivôse, Fouché, qui paraissait certain la veille, doute de l'exactitude des renseignements qu'il possède. Il applique le premier signalement, celui du petit François, à un nommé Biou, et le troisième à Chandelier, ancien chouan aussi.

Le 23, le ministre de la police reçut deux notes desquelles il résultait que le véritable nom du petit François était Corbon ou Charbon, et qu'il avait sa famille à Paris, dans le quartier Saint-Martin. Sur les indications données par Fouché, le 23[1] et le 25[2] nivôse, on trouva auprès de la porte Saint-Martin, chez un marchand de vin appelé Chevalier, un logement qui avait été habité six mois auparavant par Carbon et par sa sœur, la femme Vallon. Les recherches, poussées avec la plus grande activité, firent alors découvrir, rue Saint-Martin, 310, près la rue Grénetat, au sixième étage, la femme Vallon. Cette femme et ses deux filles âgées de dix-sept et de dix-huit ans, furent arrêtées le 27.

On trouva chez elle des blouses bleues et un baril contenant douze livres de poudre. La femme Vallon déclara que son frère Carbon n'était pas à Paris; qu'elle ne l'avait pas vu depuis deux mois; mais elle reconnut avoir reçu de lui des pois et des lentilles qu'on avait trouvés chez elle. Ce dernier renseignement, qu'elle croyait sans importance, en avait, au contraire, une très-grande. En effet, Carbon, le

[1] Pièces justificatives, n° 2.
[2] Pièces justificatives, n° 3.

29 frimaire, c'est-à-dire quatre jours avant l'attentat, avait acheté de Lambel, en même temps que la charrette, un boisseau de pois et un boisseau de lentilles. Cette découverte donnait la preuve matérielle que l'on était bien sur la trace des véritables coupables.

Les deux jeunes filles de la femme Vallon, interrogées avec habileté, finirent par avouer que Carbon était caché rue Notre-Dame-des-Champs, dans une maison habitée par des religieuses.

Le 28 nivôse, à sept heures du matin, Carbon fut arrêté, rue Notre-Dame-des-Champs, chez madame Duquesne, supérieure d'une communauté de Dames de Saint-Michel, dans la maison de laquelle il était caché.

On arrêta en même temps madame Duquesne, qui lui avait donné asile, et madame de Gouyon de Beaufort et ses deux filles, qui l'avaient conduit dans cette maison, le 7 nivôse au soir. Plus tard, on arrêta également mademoiselle de Cicé, sœur de l'archevêque de Bordeaux et de l'évêque d'Auxerre, sur la demande de laquelle on avait donné asile à Carbon.

Mademoiselle de Cicé refusa de faire connaître la personne qui lui avait recommandé Carbon. Elle l'avait désigné elle-même à madame de Gouyon, qui le conduisit, par une soirée très-obscure et par une pluie battante, chez les religieuses.

D'après la déposition de Carbon, c'est Limoëlan qui avait obtenu de mademoiselle de Cicé qu'elle lui assurât un asile. Carbon déclara que Limoëlan avait passé une demi-heure dans la maison de mademoiselle de Cicé; que lui était resté dans la rue et que mademoiselle de Cicé descendit elle-même sur la porte de la maison qu'elle habitait rue Cassette, pour l'indiquer à madame de Gouyon. Dans ce moment Limoëlan était près de lui.

Madame Duquesne paraît elle-même avoir soupçonné la position de Carbon, car l'une des premières questions qu'elle lui adressa, fut : « Ne seriez-vous pas un des coupables de l'affaire de l'explosion? » Carbon s'en défendit; il se dit émigré, rentré sans papiers. Madame de Gouyon répondit également à madame Duquesne, qui lui adressa la même question, que Carbon était étranger à l'affaire de l'explosion. C'est le nom que l'on donne, à cette époque, à la machine infernale.

La pension de Carbon fut payée par les personnes qui l'avaient placé chez les bonnes sœurs.

Il déclara que non-seulement on ne lui avait pas demandé d'argent, mais qu'on ne lui avait même pas parlé de prix pour sa pension. Il recevait à chaque repas un potage, deux plats, du dessert, et une bouteille de vin par jour, que lui apportaient les religieuses; aussi Limoëlan dit à sa sœur « que Carbon était chez de très-braves gens, hors de Paris, et qu'il allait engraisser. »

Mademoiselle de Cicé paraît avoir servi d'intermédiaire entre Limoëlan et Carbon ; car, le 14 nivôse, elle lui porta une lettre de Limoëlan ainsi conçue :

« Tenez-vous bien tranquille, mon cher Constant ; ne sortez pour rien au monde, et n'ayez confiance qu'en moi seul ; défiez-vous de tous les autres, même de ceux que vous croyez vos amis ou les miens ; ils pourraient vous tromper.

Je donnerai de vos nouvelles à votre sœur, mais restez tranquille où vous êtes ; je ne vous abandonnerai jamais.

« Au plaisir de vous voir. »

Mademoiselle de Cicé est une femme de cinquante ans, très-énergique, qui répond quand on la presse : « Vous ferez de moi ce que vous voudrez, mais je ne serai pour personne la cause de désagréments. »

Malgré les recommandations de Limoëlan, Carbon eut l'imprudence de sortir et d'aller, le 18 nivôse, à la brune, chez sa sœur. Il y fut vu par une femme Davignon, qui fit connaître que ce soir-là Carbon y avait pris son café. Il avait également donné son adresse, rue Notre-Dame-des-Champs, à sa sœur. Ce fut ce qui le perdit ; car les jeunes filles de la femme Vallon surent ainsi où il demeurait. Elles furent même lui porter quelques effets. Sans cette imprudence, il eût eu des chances très-sérieuses d'échapper aux recherches, car Limoëlan avait refusé de dire à sa sœur où il était, et même avait ajouté qu'il était chez de braves gens, hors de Paris, ce qui eût donné probablement une fausse direction à la police, qui le croyait en Bretagne.

Carbon paraît très-intelligent ; il n'avoue que ce qu'il ne peut cacher sans compromettre sa tête. Conduit à la préfecture, il y fut interrogé par M. Dubois. Dans un premier interrogatoire qui dura jusqu'à quatre heures du soir, il nia tout. Alors on le confronta avec tous les témoins. Reconnu sans hésitation par quinze d'entre eux, il sentit qu'il était perdu s'il continuait à nier.

Dans un nouvel interrogatoire, qui commença à neuf heures du soir et finit à quatre heures du matin, il reconnut avoir acheté la charrette et le cheval ; il reconnut également avoir loué la remise où ils furent placés, rue Paradis-Poissonnière, 23.

Il déclara alors que les deux hommes qui avaient pris part avec lui à cette affaire étaient Limoëlan, dit Beaumont, major général de Georges, et Saint-Réjant, dit Pierrot, dit Soyer, chef de légion sous Georges également.

Il prétendit ignorer la destination que devaient recevoir le cheval et la charrette. La barrique aurait été remplie de poudre à son insu par Limoëlan, par Saint-Réjant et par deux autres personnes qu'il ne connaissait pas; puis elle aurait été ramenée dans une charrette à bras, par ces deux hommes, et remise sur la voiture auprès du boulevard. Quant à lui, il n'aurait accompagné Saint-Réjant et Limoëlan que jusqu'à la rue Neuve-Saint-Eustache.

On voit, par une lettre du 4 février où il fait appel à l'humanité du ministre de la police et du Premier consul, qu'il espère échapper à la peine de mort en livrant ses complices[1].

Carbon entra dans les détails les plus circonstanciés; seulement il prétendit n'avoir pas connu le but que Limoëlan et Saint-Réjant se proposaient. Il nia avoir pris part à tout ce qui aurait pu prouver le contraire, par exemple l'introduction de la poudre dans la barrique, qui paraît avoir eu lieu dans la remise. Carbon inventa, à propos de la poudre, tout un conte pour tâcher d'éviter de paraître avoir pris part au complot.

Plus tard, il ne chargea pas ses complices au

[1] Pièces justificatives, n° 4 et 4 *bis*.

delà de ce qui était strictement nécessaire pour sa défense personnelle. Sa déposition est très-réservée à l'égard de tout. Pour ce qui ne le concerne pas personnellement, elle paraît très-exacte. Les aveux de Carbon étaient décisifs. Ils prouvaient que Fouché avait eu raison en soupçonnant le parti royaliste. On peut juger de l'impatience avec laquelle il attendait le résultat des interrogatoires de Carbon par la lettre suivante du chef de son cabinet, Desmarets.

« Il est de la plus haute importance que la reconnaissance du petit François se fasse de suite par tous les témoins.

« Vous sentez qu'on pourrait en gagner quelques-uns pour argent, ce qui jetterait du louche.

« Le ministre attend le résultat de la reconnaissance de suite.

« Desmarets. »

En marge de ce billet, Henry, chef de division à la préfecture de police, met la minute de sa réponse à Desmarets.

« Il n'y a rien à craindre à ce sujet; il est

déjà reconnu par quinze témoins. C'est plus qu'il n'en faut.

« HENRY[1]. »

On pourra encore juger, par la lettre suivante, tout le prix que Fouché attache à l'arrestation de Carbon. Il espère, grâce à cette capture, pouvoir prouver que les royalistes sont les auteurs de la machine infernale, c'est-à-dire que c'était lui, Fouché, qui avait vu juste lors de l'attentat du 3 nivôse, et avait deviné les véritables coupables.

« AU PRÉFET DE POLICE, A LUI SEUL. (PRESSÉ.)

« 28 nivôse.

« Je vous recommande expressément de faire veiller de la manière la plus rigoureuse sur le petit François, ne confier sa garde qu'à des

---

[1] La note de Desmarets, celle de Henry et la lettre qui suit prouvent combien est absurde l'accusation formulée par quelques écrivains royalistes contre Fouché d'avoir inventé toute une conspiration pour rejeter sur les partisans des Bourbons l'odieux de la machine infernale.

Ce sont toujours les mêmes griefs que les partis répètent contre la police. Fouché a commis assez de crimes pour qu'on ne lui en impute pas d'imaginaires.

hommes sûrs, et ordonner que tous les moyens de s'évader ou de se détruire lui soient ôtés avec le plus grand soin.

« Je vous salue.

« FOUCHÉ. »

Je donnerai d'abord les pièces qui ont rapport aux chouans jusqu'au 15 nivôse, jour où fut rendu le sénatus-consulte frappant les républicains, parce qu'elles prouveront qu'à cette époque Fouché n'a encore que des soupçons à propos de la participation des royalistes à ce crime. Puis, je donnerai des pièces qui prouveront que le 23 nivôse Fouché ne sait encore qu'une seule chose, c'est que le signalement de l'homme qui a acheté le cheval et la charrette *peut* s'appliquer à un ancien chouan dont il n'a même pas exactement le nom, puisqu'on l'appelle Corbon ou Charbon et non *Carbon*. Le 25 nivôse, il n'a encore aucun autre renseignement. Le 26 nivôse, c'est différent; il a reçu des rapports qui lui font connaître les véritables coupables [1], mais ce n'est que dans la nuit du 28 au 29 qu'il acquiert la

---

[1] Pièces justificatives, n° 5.

certitude, en même temps que la preuve légale, que ce sont bien les royalistes qui ont essayé de faire sauter le Premier consul.

La première des pièces concernant les chouans est un rapport fait par Leclerc, officier de paix, chargé de rechercher quelques officiers de Georges que Fouché croit être venus à Paris avec les intentions les plus malveillantes contre la personne du Premier consul.

AFFAIRES SECRÈTES.

« Le 19 frimaire, le citoyen préfet fut instruit que divers individus liés au parti des chouans étaient arrivés à Paris avec des projets perfides.

« Il ordonna une visite dans plusieurs maisons garnies, rue Honoré et rue Saint-Roch. Elle fut infructueuse, parce que j'ai su depuis que les brigands changeaient de logement toutes les vingt-quatre heures, c'est-à-dire aussitôt qu'on parlait d'inscription au registre de police des maisons où ils avaient couché. L'un d'eux m'était désigné sous le nom de Pierrot, dit Régent, de la taille de 5 pieds 2 pouces, *gros*, *visage plein*, nez long, teint un peu bronzé; lévite bleue; il en portait aussi quelquefois une jaune; coiffé en catogan ; il parle en gesticulant du pied.

« D'après des renseignements positifs, cet homme s'est présenté, vers le 17 ou le 18 frimaire, dans un des hôtels garnis des Quinze-Vingts.

« Il ne lui fut pas parlé d'inscription, mais de passeport en règle. Il s'en fut le lendemain et ne revint plus, et on ne l'a plus revu. On assurait qu'il était allé loger rue Saint-Roch, dans un hôtel des Deux-Ponts. Recherche faite, il n'y a pas d'hôtel des Deux-Ponts dans cette rue, mais bien rue du Hasard, butte des Moulins, où il aura pu se réfugier facilement, parce que ladite maison est très-suspecte et qu'on y loge les nommés Daguerre et autres chefs de bandes.

« Le 29, il me fut remis de nouvelles instructions, qui provoquèrent des recherches sévères dans le faubourg Poissonnière. Je fis tout ce qui fut possible, mais infructueusement. On m'avait ajouté dans ces notes que Pierrot devait être avec Limoëlan, dit Beaumont, Joyau, ou qu'il portait lui-même tous ces noms. »

Quand on compare le signalement de Saint-Réjant remis à Leclerc au signalement fait par Dubois quand il procéda à son interrogatoire, on voit combien celui fourni à cet officier de paix était inexact.

Voici le signalement donné par Dubois :

« Taille, environ 5 pieds ; cheveux et sourcils châtains, front haut et dégagé, yeux bleus, nez effilé et long, bouche moyenne, menton rond, *visage ovale et très-effilé* ; redingote bleue, souliers et pantoufles fourrées en peau de mouton, cheveux retroussés en catogan et une natte au-dessous. »

On conçoit, par suite, que toutes les recherches de Leclerc furent infructueuses.

Plus tard, le 13 nivôse, Fouché donne de nouveau l'ordre de rechercher avec la plus grande activité, mais avec la plus grande prudence, les personnes dont les noms suivent :

« Limoëlan, dit Beaumont ; Joyau, dit d'Assas ; Lahaye Saint-Hilaire ; enfin Saint-Réjant, dit Pierrot ; Dufou ou Dufour, et Saint-Andéol.

« Tous officiers de Georges, venus clandestinement à Paris, où ils se tiennent cachés depuis leur arrivée.

« On doit tâcher *d'obtenir leurs signalements et savoir s'ils sont à Paris.* »

Cette note contient les noms de plusieurs hôtels où l'on croit qu'ils ont habité.

Le 13 nivôse, Fouché, ainsi qu'on vient de le voir, crut un instant être certain que les véritables auteurs de l'attentat étaient les hommes envoyés par Georges à Paris. Il donna l'ordre d'arrêter Limoëlan, Pierrot, le petit François, Lahaye Saint-Hilaire, Joyau et quelques autres. Mais, le 14, tout est changé : il crut que les signalements donnés par les témoins devaient s'appliquer à un nommé Béou ou Biou et à Chandelier, anciens chefs de chouans. En un mot, il n'a que des soupçons sans aucune certitude. Les deux dépêches du 13 et du 14 nivôse que l'on va lire ne permettent aucun doute à cet endroit.

Le 15 nivôse, le ministre de la police envoyait la dépêche suivante :

« Je vous adresse ci-joint le signalement des scélérats qui ont dirigé et exécuté l'attentat du 3 nivôse contre la personne du Premier consul.

« Tous les traits du premier de ces signalements paraissent appartenir au nommé le petit François, attaché ci-devant à Châteauneuf, dit Achille Le Blond, et qui depuis deux mois s'est dévoué à Limoëlan. Il s'est toujours donné pour marchand de toiles. Il a même une patente comme tel, et c'est sous le prétexte de ce commerce qu'il a acheté la charrette et le cheval qui ont servi à l'explosion.

« Faites-le rechercher avec toute l'activité possible ; que tous les cantonnements, les autorités de chaque commune, aient son signalement et cherchent à le saisir.

« Dirigez aussi particulièrement votre attention sur les nommés Limoëlan, dit Beaumont ; Joyau, dit d'Assas ; Lahaye Saint-Hilaire, dit Raoul, et Saint-Réjant, dit Pierrot.

« Ces quatre scélérats ont été dépêchés par Georges pour tenter à Paris une diversion criminelle, et Saint-Réjant, arrivé le dernier (vers le 6 frimaire), s'est de suite et constamment occupé des moyens les plus affreux pour assassiner le Premier consul. Dès le 10, il s'était procuré deux carabines à vent et en cherchait trois autres.

« Le petit François leur a servi deux fois, dans l'intervalle, pour porter des armes hors barrières pour voler les diligences.

« Vous les ferez rechercher et arrêter ; je payerai 12,000 francs à quiconque aura fait saisir un des cinq ci-dessus dénommés.

« Recueillez aussi toutes les lumières qui certainement transpireront dans la Bretagne sur cet affreux attentat, et instruisez-moi de toutes vos recherches et de ce que vous aurez découvert.

« *Le ministre de la police générale,*

« Fouché. »

Si l'on s'en rapportait à cette lettre du 13 nivôse, on croirait Fouché parfaitement fixé sur la culpabilité des hommes qui y sont nommés. Il n'en est rien ; la dépêche suivante, du 14 nivôse, prouve qu'il n'avait que des soupçons, de l'exactitude desquels il doute lui-même.

« Je vous charge, citoyen préfet, de faire rechercher et arrêter le nommé Biou ou Beou,
connu par ses assassinats contre les bleus. Comme
le signalement n° 1, parmi ceux que je vous ai
envoyés, *se rapporte exactement* à cet individu,
il faut s'assurer s'il n'a point quitté la Bretagne
vers le mois de frimaire, et si depuis le 3 nivôse
il a reparu.

« Le signalement n° 2 paraît s'appliquer particulièrement à Joyau.

« Le 3ᵉ convient à Chandelier.

« Activez vos recherches avec la plus grande
célérité.

« Le ministre de la police,

« Fouché. »

On voit, par ces deux dépêches contradic-
toires, que Fouché ne sait pas encore si Carbon (dont il ne connaît que le nom de guerre, le
petit François) est véritablement l'homme dont
les témoins ont donné le signalement.

Le 15 nivôse, un rapport confidentiel de
Spycaël, officier de paix, prouve que l'on n'avait
encore rien découvert. Il explique les lenteurs

des recherches par les difficultés et les dangers qu'elles présentent ; il dit que, quoiqu'on n'ait rien trouvé chez les républicains, il faut qu'on paraisse toujours leur attribuer le crime pour ne pas éveiller les soupçons des royalistes, ce qui leur ferait probablement quitter Paris.

Voilà le véritable état des poursuites, le 15 nivôse ; il existait des soupçons contre les royalistes, mais Fouché lui-même n'avait aucune preuve de leur culpabilité.

Presque personne, à Paris, ne soupçonnait la terrible résolution que Georges et les autres chefs du Morbihan, traqués comme des bêtes fauves, avaient prise de frapper le Premier consul, seule chance de salut pour eux, du moment qu'ils s'obstinaient à continuer la guerre civile.

Le Premier consul, par défiance contre Fouché, qu'il suspectait de partialité en faveur des républicains, ne voyait dans les renseignements fournis par le ministre de la police qu'une accusation sans preuve lancée par lui contre des ennemis. Aussi, dans le commencement, il n'attacha que peu d'importance à des rapports vagues dont rien ne prouvait l'exactitude.

Fouché lui-même, quoiqu'il crût ses soupçons fondés, ne pouvait donner aucune preuve à l'appui. Ce qui était bien plus grave pour un homme comme lui, il se sentait suspect et menacé dans sa position. Aussi, devait-il être d'autant plus rude pour le parti républicain.

Quand l'attentat du 3 nivôse eut lieu, la police se trouva donc, ainsi que nous l'avons déjà dit, en face de l'inconnu.

Dans de semblables conditions, les soupçons devaient naturellement se porter d'abord sur les républicains. On arrêta les plus compromis par la part qu'ils avaient prise à la Révolution, ou par les propos qu'ils avaient tenus; car leur violence de paroles contre le gouvernement était extrême.

Il y eut plus de cent soixante instructions commencées contre eux. Le nombre des arrestations fut si considérable que, les 11, 12, 13 et 14 nivôse, quand on eut trouvé les personnes qui avaient été en contact avec les véritables auteurs de la machine infernale, on put confronter avec eux deux cent vingt-trois républicains qui étaient détenus au Temple, à Sainte-Pélagie et à la Force.

Il ne faut pas pourtant croire que ce fut le hasard qui, le 3 nivôse, dirigea les soupçons de Fouché sur le parti royaliste. Un grand nombre de faits devaient appeler toute son attention sur les partisans des Bourbons. Les dépêches qui suivent donneront l'explication la plus complète de ce qui avait porté le ministre de la police à croire que les auteurs de l'attentat étaient d'anciens chouans.

Le 9 vendémiaire, an IX, il écrivait :

« J'ai reçu, citoyen préfet, votre lettre du 15 fructidor dernier, dans laquelle vous me donnez des détails sur la situation de votre département.

« Les fréquentes apparitions d'étrangers, d'émigrés et d'hommes armés que vous faites vainement poursuivre, semblent annoncer que les ennemis de la république cherchent dans votre arrondissement, comme dans quelques autres parties de l'Ouest, à fomenter de nouveaux troubles civils. Il ne suffit pas d'employer la force armée, ni de faire marcher avec éclat la gendarmerie vers les lieux où les malveillants passent et se rassemblent; il faudrait encore entretenir au milieu d'eux quelques agents sûrs et intelligents, qui s'immisceraient dans leurs secrets, et vous donneraient des renseignements précis sur leurs projets et leurs mouvements. Je ne peux trop vous recommander ce moyen comme l'un des plus efficaces.

« Fouché. »

Le 24 vendémiaire, an IX, il disait :

« Les amnistiés du département de l'Indre ont reçu l'ordre de leurs ci-devant chefs de reprendre les armes.

« Fouché. »

Puis, le 28 vendémiaire :

« Des chefs de chouans des environs de Merdréac auraient disparu de leurs domiciles, et se disposent à fomenter de nouveaux troubles.

« Fouché. »

Le 28 vendémiaire, le ministre envoyait l'ordre de surveiller avec une grande fermeté les correspondances avec l'Angleterre.

Fouché paraît également, dès cette époque, soupçonner les intelligences que le parti royaliste entretenait, à prix d'argent, avec quelques officiers de la garnison de Brest. Comme les Anglais refusaient de débarquer leurs troupes, tant qu'ils n'auraient pas un port où ils pussent se retirer en cas d'insuccès, il s'agissait de leur livrer cette place.

Le 28 vendémiaire, an IX, le ministre de la police écrivait encore :

« Des avis confidentiels m'assurent que des enrôlements chouaniques se font presque publiquement dans votre département, avec promesse que la république est au néant, et que tout est arrangé pour Louis XVIII ; que les vols journaliers qui se commettent surtout dans les cantons qui avoisinent la Manche et les côtes maritimes sont les avant-coureurs d'une insurrection intérieure toujours renaissante, parce que le feu a été mal éteint ; que les prêtres insoumis prêchent hautement la désobéissance au gouvernement républicain ; que toutes les institutions républicaines sont détruites ; et, enfin, que le sort des patriotes, isolés dans les campagnes, est digne de commisération. Quoique rassuré par vos derniers rapports sur la situation du département que vous administrez, je n'en dois pas moins, citoyen préfet, appeler votre attention sur les avis intéressant la sûreté publique, et spécialement la rappeler sans relâche sur les projets d'un parti *que les circonstances commandent de surveiller plus rigoureusement que jamais.*

« Je vous recommande donc de nouveau d'observer avec le plus grand soin, sur tous les points de votre département, la physionomie de ce parti, d'étudier ses démarches, ses rapports, ses vues et ses moyens, et de m'en instruire exactement.

« Salut et fraternité.

« Fouché. »

Puis le 15 brumaire, an IX, il ajoutait :

« Chaque jour, des notes m'informent, citoyen préfet, que les départements faisant partie des ci-devant provinces de Normandie et de Bretagne sont à la veille d'un soulèvement. On m'assure que les ennemis du gouvernement entretiennent dans les diverses communes de ces départements des correspondants actifs qu'ils salarient et payent très-cher. Quoique les notes transmises ne me précisent rien à cet égard, je crois devoir appeler toute votre attention sur cet objet important. Redoublez les mesures de surveillance, ne *négligez rien de ce qui peut conduire à la découverte des trames et des complots,* et transmettez-moi avec exactitude les indices, les notions et tous les résultats de ces découvertes sur les choses et les indices, *afin que dans l'ensemble des renseignements je puisse saisir la vérité,* et concerter avec vous les mesures de répression.

« Fouché. »

Enfin, le 24 frimaire, an IX :

« Des rapports dignes de foi m'apprennent que Georges, venant de l'Angleterre, a débarqué il y a environ vingt jours sur nos côtes.

« Fouché. »

On voit par ces dépêches que Fouché croyait que le parti royaliste allait tenter une nouvelle insurrection, et que tout était préparé en Bretagne dans ce but.

En présence d'un gouvernement aussi énergique que celui du Premier consul, un semblable mouvement n'offrait aucune chance de succès. Pour qu'il pût réussir, il fallait, avant de tenter une nouvelle levée de boucliers, frapper à la tête le gouvernement qui consistait dans un seul homme, le général Bonaparte. C'est ce que les auteurs de la machine infernale avaient essayé de faire. Ce devaient donc être les agents du parti qui voulait de nouveau tenter une insurrection, qui avaient dû essayer de frapper le Premier consul.

Plusieurs rapports de police donnaient les mêmes renseignements. La plupart des anciens chefs de chouans avaient déclaré qu'ils ne prendraient les armes que si le général Bonaparte cessait d'être à la tête du gouvernement. Il existe enfin un rapport très-grave que Fouché mentionne dans une dépêche du 5 nivôse.

« Il importe que j'aie le rapport de l'agent du commandant à Vannes, *sur la conversation dont il dit avoir été témoin entre Georges et un autre chef de brigands, et de laquelle il paraîtrait résulter que Georges paraissait désespérer de pouvoir relever son parti.*

« Je vous recommande donc de vous procurer ce rapport et de me le transmettre.

« Le ministre de la police générale,

« Fouché. »

Cette dépêche du 3 nivôse est bien curieuse. Elle donne à la fois les véritables motifs de l'attentat dirigé contre le Premier consul, et la cause des soupçons de Fouché à l'égard du parti royaliste. Georges, sentant que la lutte à main armée était impossible tant que le Premier consul serait à la tête du gouvernement, était fatalement conduit à essayer de frapper dans sa personne le pouvoir redoutable sous les coups duquel il succombait. Traqué comme une bête fauve, Georges ne sentait que trop que si le général Bonaparte continuait à diriger les affaires publiques, lui et tous les autres chefs de chouans devaient finir par être exterminés. Ce fut alors qu'il prit la sinistre résolution de faire partir Saint-Réjant et Limoëlan, avec mission de frapper le chef de l'État. Comme on le voit par la lettre signée Gédéon, et par celle adressée au comte de la Chaussée, il n'y avait pas pour lui et pour les autres chefs de chouans d'autre chance d'échapper à une mort certaine, du moment qu'ils s'obstinaient à rester en Bretagne.

Le 28 frimaire Georges envoyait à Saint-Réjant la lettre suivante :

« Mon cher Soyer,

« Je reçois de tes nouvelles par tes deux amis ; pour toi, tu n'as pas encore appris à écrire. Hélas ! les quinze jours sont passés ; les événements s'avancent d'une manière effrayante. Si les malheurs continuent, je ne sais ce que nous deviendrons tous. En toi seul est notre confiance et toute notre espérance. Tes amis se rappellent à ton souvenir et te recommandent leur sort.

« Adieu !

« Ton sincère ami,

« GÉDÉON. »

P.-S. — Nous attendons, à tous les courriers, de tes nouvelles[1].

La concordance qui existe entre les sentiments exprimés dans ce billet et la lettre suivante écrite par Georges au comte de la Chaussée, le 26 nivôse an IX, n'échappera à personne. Il suffit de les lire pour se convaincre qu'elles émanent de la même main. Ce sont les mêmes idées, exprimées presque dans les mêmes termes.

« Mon cher comte,

« Vous devez sentir que notre position demande du positif, et cela promptement; *nous sommes ici à chaque minute exposés aux poignards des assassins.* Notre devoir, les instructions reçues, et *l'espérance de voir encore se*

---

[1] Le 24 pluviôse, Fouché pensait que ce billet était de la main de Mercier, et la signature de Georges.

Les experts, à qui on n'avait pu donner pour terme de comparaison qu'une seule passe signée par Georges et par Mercier crurent d'abord qu'il n'était ni de Georges, ni de Mercier.

Ce fut alors qu'on leur remit la lettre de Georges à Clarke, du 19 germinal (9 avril 1800), à l'aide de laquelle les experts Legros et Oudart reconnurent que le billet était de lui.

renouer quelque chose, nous y retiennent. Pas un de nous n'en bougera avant de recevoir des ordres. Vous devez juger *avec quelle impatience nous les attendons.* »

(Georges ensuite propose deux moyens permettant de faire renaître la guerre civile aussitôt qu'on le voudrait. Premier moyen : organiser deux à trois régiments de royalistes en Angleterre, avec des hommes pris dans toute la Bretagne. Dès que les circonstances le permettraient, on les débarquerait. Ils insurgeraient tout le pays.

Deuxième moyen : permettre à tous les chefs qui ne sont pas trop compromis, de s'arranger avec l'usurpateur, et, moyennant des garanties de sûreté, de vivre dans leur pays, dont ils maintiendront le bon esprit, grâce aux instructions qu'on leur transmettra.)

Il ajoute ensuite :

« Je serai obligé de faire banqueroute, si, dans vingt-cinq jours au plus tard, je ne reçois pas encore 4,000 louis. On m'avait promis cette somme par mois, sans comprendre B...t, qui me coûte infiniment, et depuis je n'ai reçu que 4,000 livres... *Vous n'ignorez pas que la grande correspondance a éclaté maladroitement; elle est heureusement renouée; je la presse d'agir, mais les fonds ne sont nullement suffisants...* J'ai vu les seconds de C... et de D... Ils sont bien intentionnés, et comptent beaucoup sur leur pays.

« Anne tergiverse toujours. Je crains qu'elle n'ait perverti B...t. On le dit à Paris prêt à faire la courbette. Toutes ces démarches sont heureusement décorées de beaux prétextes.

« *J'espère que la grande correspondance jouera encore bientôt.*

« GEORGES. »

Cette lettre fut trouvée sous la même enveloppe qu'une lettre écrite au prince de Bouillon, dans le porte-manteau du lieutenant de Georges, Mercier, dit *la Vendée*, tué dans la nuit du 30 nivôse an IX, dans une rencontre près de Loudéac, au moment où il cherchait à se rendre en Angleterre.

Fouché, menacé dans sa position pour n'avoir pas prévenu l'attentat du 3 nivôse, déploya la plus grande activité pour en découvrir les auteurs; il y allait de son portefeuille. Ce ne fut pas de Bretagne, ainsi qu'on le croit généralement, mais d'anciens chefs de chouans alors à Paris, et de la Mayenne, qu'il obtint les renseignements qui lui permirent d'atteindre les véritables coupables. Il n'avait reçu de Rennes que l'avis du départ des officiers de Georges pour Paris avec des intentions criminelles, ainsi qu'on peut le voir par la lettre suivante de Regnier, du 25 frimaire an XII.

« ... Je dois vous observer que les auteurs de l'attentat du 3 nivôse sont partis de Rennes; que c'est de là que la police a eu les premiers indices de leur départ pour Paris et *des soupçons sur l'objet de leur voyage* ; qu'ils avaient à Rennes un entrepôt de correspondance outre le quartier général de Georges... »

Cette lettre a une importance que l'on comprendra par le seul fait que Regnier a sous ses ordres Dubois et Desmarets, c'est-à-dire les deux hommes qui, avec Fouché, ont dirigé l'instruction de l'affaire du 3 nivôse.

Fouché fit appel à tous les sentiments bons ou mauvais pour obtenir le concours des hommes dont il espérait tirer quelques renseignements. Aux uns, il parla du salut du pays, de la tranquillité publique qui tenait à la vie du Premier consul, des horreurs de la guerre civile et de ce qu'il y avait d'odieux dans le moyen employé pour frapper le chef de l'État; à d'autres, il parla de leurs familles menacées par une nouvelle Terreur, résultat fatal de l'anarchie qui suivrait le renversement du gouvernement établi. Il fit appel à la cupidité et à l'ambition de quelques-uns. De l'argent fut donné largement à des hommes criblés de dettes, joueurs ou dissipateurs pour la plupart. Grâce à tous ces moyens réunis, il obtint les renseignements qui lui permirent de découvrir les véritables coupables.

Quant à la Bretagne, des pièces que l'on verra plus loin prouvent que les autorités chargées de la police, les préfets et les généraux Hédouville et Simon, ne connurent que dans le courant de pluviôse, après l'arrestation de Saint-Réjant, les véritables auteurs de l'attentat.

Le 11 nivôse, le ministre de la police écrivait :

« Je vous adresse, citoyen préfet, le signalement de l'homme qui a acheté le cheval et la charrette sur laquelle était le baril de poudre dont l'explosion a eu lieu le 3 de ce mois, dans la rue Nicaise peu d'instants après le passage du Premier consul.

« *J'ai lieu de croire* que ce signalement *pourrait* être celui d'un homme nommé le petit François, qui a fait partie des chouans et a été domestique de la Nougarède, dit Achille le Brun, et depuis celui de Limoléan (*sic*). Ce François, qui était depuis quelque temps à Paris, n'a point paru depuis cet événement, et les renseignements qui me sont parvenus me donnent lieu de croire qu'il *peut* être dans l'étendue de votre département. Vous devez de suite faire les recherches nécessaires pour le découvrir et le faire arrêter. Vous jugez combien il importe de s'assurer d'un homme qui *peut avoir pris part* à cet attentat et en faire connaître les auteurs.

« Vous me rendrez compte du résultat de vos recherches.

« *Le ministre de la police générale,*

« Fouché. »

Le 19 nivôse, le ministre envoya l'ordre d'arrêter MM. de Sol de Grisolles, de Mondoré, Roger et Auguste. Cette mesure n'avait qu'un but : saisir la correspondance de Georges, dans laquelle on espérait trouver des renseignements sur l'attentat du 3 nivôse. Le ministre croyait que ces messieurs n'étaient à Rennes que pour remplir cette mission. Une lettre de Réal, du 3 ventôse an XII, déclare formellement que tel avait été le motif de leur arrestation.

« .... Je crois d'ailleurs devoir vous observer que l'ordre donné pour l'arrestation de Roger en l'an IX ne fut pas motivé sur ce qu'il avait pris part à l'attentat du 3, mais bien sur ce qu'il avait été placé à Rennes par Georges, pour la correspondance qui passait par cette ville.

« Réal [1]. »

Lorsque ces messieurs furent arrêtés, il se passa un fait très-grave que révèle la correspondance du préfet d'Ille-et-Vilaine et du général Hédouville, alors à Pontivy. Quoique l'ordre de Fouché fût adressé au préfet, ce furent les généraux Tilly et Simon qui firent procéder aux arrestations. Ce dernier, jacobin ardent, fut plus tard avec Bernadotte l'âme de la conspiration républicaine de l'Ouest. C'était l'homme que Fouché employait pour les expéditions secrètes contre les chefs de chouans. Le général Simon ne connaissait pas non plus les auteurs de la machine infernale, malgré des rapports très-curieux de la police militaire qu'il dirigeait. En faisant arrêter MM. Roger, de Sol de Grisolles, etc., il croyait

[1] On voit, par la lettre de Réal, que le 19 nivôse Fouché croyait seulement Roger chargé de la correspondance de Georges avec Paris. Ce ne fut que beaucoup plus tard que l'on connut la part qu'il avait réellement prise à l'affaire du 3 nivôse. Aussi quoiqu'il y eût été aussi gravement compromis que Coster Saint-Victor, ne fut-il pas compris au nombre des accusés traduits devant la cour criminelle.

n'exécuter qu'une mesure de sûreté générale.

Les lettres du préfet d'Ille-et-Vilaine, du 29 nivôse an IX, et du général Hédouville, du 10 pluviôse, sont très-importantes, non-seulement au point de vue de l'attentat du 3 nivôse, mais également au point de vue de l'état général des départements de l'Ouest. Elles sont remarquables par les sentiments qui animent leurs auteurs.

Le préfet donne avis au général de la crainte qu'il éprouve que les arrestations qu'on vient de faire à Rennes n'inquiètent les amnistiés et ne les décident à se jeter dans les bandes qui existent dans les campagnes. Le 29 nivôse, il croit encore que les arrestations qui avaient pour but de saisir la correspondance de Georges, dans l'espérance d'y trouver la preuve de sa complicité dans l'attentat du 3 nivôse, ne sont que des mesures de sûreté générale.

Le général Hédouville, qui est au camp de Pontivy le 10 pluviôse, pense comme le préfet que ces arrestations ont eu lieu par mesure de sûreté générale et non pour cause de l'attentat du 3 nivôse.

Ni l'un ni l'autre n'ont donc connaissance, à cette époque, des renseignements que Fouché prétendit, dans son rapport, avoir reçus de Bretagne.

La lettre suivante du préfet d'Ille-et-Vilaine, du 29 nivôse an IX, au ministre, contient également des détails très-curieux.

« Par ma lettre du 26 de ce mois je vous ai prévenu des dispositions que prenaient les généraux pour arrêter à la fois Roger, Mondoré, de Sol et Auguste.

« Mondoré et de Sol furent arrêtés hier soir à la Comédie ; on vit échapper Auguste par le fond du théâtre, et Roger, qui avait coutume de s'y trouver avec eux, était absent et malade ; on apprend qu'il a changé de logement.

« Leurs partisans, effrayés, vont fuir dans les campagnes ; ils n'auront d'autre parti à prendre que de se mettre à la tête des petites bandes de brigands qui, jusqu'ici, n'ont point eu d'ensemble, ni formé des rassemblements qui aient un caractère de révolte. Si, comme pour les Dubois, vous aviez des renseignements qui permissent de leur reprocher des crimes ou des tentatives postérieurs à leur rentrée, les inquiétudes se dissiperaient. Si c'est *une mesure de sûreté générale* que vous avez adoptée, je dois vous prévenir qu'elle peut avoir des suites funestes. Je suis informé que les amnistiés réclament la forme constitutionnelle pour être interrogés... »

Si le Premier consul, avant d'avoir la preuve qu'ils fussent les auteurs de l'attentat du 3 nivôse, voulait faire transporter un certain nombre de républicains exaltés, Fouché faisait mieux encore. Sur de simples soupçons, il mettait à prix la tête de Georges. Le 15 nivôse, il faisait partir pour Rennes l'ordre de prendre, mort ou vif, Georges, qu'il soupçonnait d'être le véritable auteur de la tentative qu'on venait de faire contre la vie du Premier consul, et promettait mille louis à ceux qui mèneraient à bien ce coup de main.

Le général Simon, chef d'état-major de Bernadotte, était chargé d'organiser cette expédition secrète. Fouché envoyait à Rennes un mandat de la maison Récamier de mille louis, afin

que l'on eût confiance dans ses promesses.
Pour stimuler le zèle de ceux qui devaient agir
contre Georges, il ne leur accordait que quinze
jours pour accomplir cette opération. Afin qu'on
puisse apprécier les procédés de Fouché, il faut
se rappeler que ce n'est que du 26 au 29 nivôse
qu'il eut la preuve que les royalistes étaient les
véritables auteurs du crime de la rue Saint-
Nicaise. Il reconnut lui-même que les premiers
renseignements sérieux qu'il eut ne dataient
que du 23 nivôse; et, on le voit par ses actes,
ce ne fut que le 26, et même dans la nuit du 28
au 29, qu'il fut réellement certain qu'ils étaient
coupables de cet attentat.

Quant à la participation de Georges à ce
crime, ce ne fut que beaucoup plus tard qu'il
en eut la preuve. Si, dès la fin de nivôse, il
existait des présomptions très-graves contre
Georges, les principaux coupables étant tous ses
officiers, et recevant tout ce qu'ils avaient d'argent de ce chef, ce ne fut que bien plus tard,
grâce à la lettre signée Gédéon, que l'on eut une
preuve de sa complicité directe. Les experts ne
reconnurent que cette lettre était écrite par

Georges, qu'en la comparant avec une lettre qu'il avait adressée au général Clarke, lettre qui ne leur fut remise que le 8 ventôse, ainsi qu'on le voit par le billet suivant :

« Le 7 ventôse, an IX.

« Citoyen général,

« Je reçois, avec votre lettre en date de ce jour, *celle que Georges, chef des mécontents du Morbihan, vous a adressée le 19 germinal pour vous informer de son départ de Paris et de son retour dans ses foyers.*

« Je vous salue.

« Dubois. »

Dès le 15 nivôse[1], Fouché n'en envoie pas moins à Rennes 1,000 louis pour ceux qui prendront ou tueront Georges, c'est-à-dire met à prix la tête de ce chef de chouans, quoique, à cette époque, on n'eût contre lui que des soupçons vagues.

___

[1] La lettre écrite au préfet porte la date du 17 nivôse ; mais on voit, par une lettre du 20 nivôse, que le mandat et les ordres envoyés au général Simon doivent être du 15.

CONFIDENTIELLE.

Paris, 17 nivôse.

LE MINISTRE DE LA POLICE AU PRÉFET.

« Je vous adresse ci-joint, citoyen préfet, une lettre de crédit de 24,000 francs de la maison Récamier sur le citoyen Pillier, négociant de Rennes.

« Cette somme sera touchée ou par vous ou par le général Simon, *mais sur votre acquit.* Elle ne devra être touchée que pour être remise immédiatement par le général Simon à ceux qui parviendront à se saisir de Georges, chef rebelle *et assassin*, et qui le représenteront mort ou vif.

« Vous laisserez donc les fonds déposés chez le citoyen Pillier jusqu'à ce que vous ayez l'entière certitude de l'arrestation ou de la mort de ce chef, et dans ce cas les fonds seront sans aucun délai comptés aux hommes qui auront exécuté l'entreprise.

« Le général Simon m'en donnera avis immédiatement par un courrier extraordinaire.

« Je vous recommande le plus profond secret

sur toute cette opération et sur la destination des fonds. Vous seul, avec le général Simon, en êtes instruit.

> « *Le ministre de la police,*
>
> « FOUCHÉ. »

Le 20 nivôse, il écrivait encore :

« Je vous confirme, citoyen préfet, ma lettre du 15 nivôse, qui vous annonce le crédit de 24,000 francs qui vous est ouvert sur la maison Pillier, ainsi que la destination de ces fonds, et mes intentions sur la forme dans laquelle ils doivent être remis.

« Je vous renouvelle, à ce sujet, mes ordres, pour que, sous aucun prétexte ou motif quelconque, cette somme ne soit pas retirée des mains du citoyen Pillier, que lorsque vous aurez la certitude que l'entreprise aura réussi contre Georges.

« Je vous préviens même que dans le cas où l'opération n'aurait pas obtenu de succès dans quinze jours, je prendrai de suite les moyens et donnerai les ordres pour faire rentrer les 24,000 francs dans ma caisse.

« Mon ordre à cet égard est absolu, et vous ne ferez aucune disposition qui puisse y être contraire. ·

« Je m'en rapporte parfaitement à votre zèle et à votre exactitude ordinaire.

« *Le ministre de la police,* »

« Fouché. »

Enfin, le 24 ventôse an IX, le ministre écrivait au préfet :

« J'ai reçu, citoyen préfet, la lettre que vous m'avez écrite le 15 du mois dernier, relativement à la lettre de crédit de 24,000 francs que je vous avais fait passer le 15 nivôse précédent sur le citoyen Pillier, de Rennes. J'ai cru devoir laisser écouler quelques jours avant de vous instruire de ma dernière détermination relativement à cette somme.

« Son emploi étant aujourd'hui sans objet, je vous prie de me renvoyer cette lettre de crédit pour que je puisse faire rentrer dans ma caisse les fonds qui en sont sortis.

« Je vous salue.

« Fouché. »

Le motif qui décide Fouché à faire rentrer dans sa caisse les fonds destinés à ceux qui prendraient Georges mort ou vif est bien simple. Le 11 ventôse, le préfet lui avait donné avis que Georges venait de passer en Angleterre.

Les moyens que Fouché emploie contre Georges ne doivent pas surprendre. C'est tout à fait dans son caractère; et puis Georges était à ses yeux coupable de crimes impardonnables. Non-seulement il avait menacé l'existence du Premier consul, ce que le futur duc d'Otrante aurait peut-être à la rigueur pardonné, mais il avait compromis la réputation d'infaillibilité que Fouché voulait donner à sa police; et, ce qui était encore bien plus grave, il avait été sur le point de lui faire perdre son ministère.

De tels crimes ne permettaient pas de merci; aussi Fouché eut-il recours contre Georges aux moyens les plus redoutables. Les coups de main de cette nature sont, du reste, à cette époque, employés continuellement dans tous les partis.

Un des plus connus est l'assassinat d'un vieillard, l'évêque constitutionnel de Quimper, Audrein. Surpris dans une diligence, le 28 brumaire, il fut tué par une bande de douze hommes, envoyés, dit-on, par Georges. Les efforts que l'évêque de Quimper faisait pour pacifier la Bretagne avaient inquiété sérieusement les chefs de chouans du Morbihan, qui décidèrent sa mort. Ce crime coïncide avec le départ des officiers chargés de frapper le Premier consul.

Presque au moment même où Fouché mettait sa tête à prix, Georges fit enlever de chez sa sœur, madame de Tournemine, à Sarzeau, et fusiller M. de Bec-de-Lièvre, ainsi qu'un jeune médecin qui l'accompagnait. A une époque antérieure, il avait également essayé de se défaire de M. de Puisaye par le même moyen. Ce qui donne plus de gravité encore à cette dernière tentative, c'est que Georges et Puisaye se disputaient le commandement de l'armée royale dans toute la Bretagne. On ne doit donc pas être surpris de voir Fouché avoir recours contre Georges aux moyens que ce dernier employait contre les adversaires qu'il pouvait avoir dans son propre parti.

Si quelque chose est propre à inspirer l'horreur et le dégoût des révolutions et des guerres civiles, c'est l'étude sans passion des documents de toute nature qui sont enfouis dans les archives du gouvernement ou dans celles des familles; c'est du sang, puis du sang, toujours du sang.

Comment Fouché connut-il les auteurs de l'attentat du 3 nivôse? Si les renseignements étaient venus d'indiscrétions commises autour de Georges, ils auraient fait connaître les noms de Saint-Réjant et de Limoëlan, de ces officiers dont la présence à Paris était connue de plusieurs autres chefs, ainsi que de leurs familles. Personne, au contraire, dans le Morbihan, ne connaissait Carbon, qui n'avait jamais fait partie des bandes de Georges. Il était également inconnu dans l'Ille-et-Vilaine; il n'en était pas de même dans la Mayenne, aussi est-ce de ce département que l'on voit, d'après les notes envoyées par Fouché, que durent venir les premiers renseignements qui le concernent. Il suffit de les lire pour en être convaincu; les deux notes parlent d'un passe-port délivré à Laval. Or, c'est la participation de Carbon sur laquelle la lettre du 23 nivôse prouve que le ministre de la police acquit d'abord une certitude. Ce ne fut que trois jours après le 26 qu'il connut également les noms des autres coupables; jusqu'à ce moment il n'avait eu que des soupçons vagues, car on le voit appliquer les mêmes signalements à différents individus.

Quelques écrivains ont admis que c'était par des agents qu'il aurait envoyés auprès de Georges, que Fouché aurait connu les véritables noms des auteurs de la machine infernale; ils ont simplement copié ce qu'il affirme lui-même dans son rapport du 11 pluviôse.

Je crois que Fouché, dans ce rapport, a encore complétement altéré la vérité sur ce point, afin d'établir, d'une manière incontestable, la toute-puissance de sa police qui a des agents partout, même auprès de Georges, ce qui ne laissait pas d'être très-difficile et très-dangereux.

De plus il lui fallait détourner les soupçons qui se seraient portés sans cela sur les hommes de qui il tenait les renseignements qu'il avait recueillis.

Plusieurs pièces que j'ai eues entre les mains né permettent guère de douter que les renseignements que Fouché avait reçus lui avaient été fournis par d'anciens chefs de chouans qui se trouvaient à Paris, et par les autorités de la Mayenne, ou par des agents qu'il y avait envoyés[1].

Les amis de Georges, et lui-même dans son procès, ont prétendu que Saint-Réjant et Li-

[1] Ces pièces ne doivent pas être publiées, parce qu'elles contiennent les noms de personnes qui n'ont pris qu'une part trop peu importante aux affaires publiques pour qu'au point de vue historique il y ait quelque intérêt à connaître leurs actes.

Deux d'entre eux portent des noms très-connus et paraissent avoir été décidés aux révélations qu'ils ont faites par des motifs honorables.

Quant aux renseignements venus de la Mayenne, il suffit de lire les deux notes concernant Carbon qu'on trouvera aux pièces jutificatives pour être convaincu qu'elles ne viennent pas du Morbihan. Fouché a bien trop d'intelligence au point de vue de la police, pour avoir envoyé chercher dans le Morbihan des renseignements sur un homme qu'il savait avoir pris part à la chouannerie sous les ordres de MM. de Bourmont et de Châteauneuf, dans les environs de Laval.

La mention qu'on trouve dans ces deux notes d'un passeport délivré dans cette ville à Carbon, ne laisse aucun doute sur leur origine.

moëlan n'avaient été envoyés à Paris que pour y préparer une attaque à main armée, que Georges devait diriger contre la personne du Premier consul.

Cette idée de transporter la guerre civile du Morbihan à Paris n'a jamais existé sérieusement. Georges était trop sensé pour rêver un tel projet, mais il fallait un prétexte pour déguiser ce qu'avait d'odieux une simple tentative d'assassinat. De même qu'en Bretagne on décorait du nom d'expéditions les crimes qui s'y commettaient tous les jours, de même on essayait de donner à l'attentat préparé contre le général Bonaparte un nom qui atténuât, au moins un peu, ce qu'il devait inspirer d'horreur à tous les honnêtes gens.

En Bretagne, ces prétendues expéditions consistaient dans trois ou quatre hommes armés, qui, embusqués derrière une haie, tuaient un malheureux la plupart du temps sans armes, ou surprenaient une maison, et assassinaient l'homme et souvent la femme, après s'être fait copieusement donner à boire et à manger. Presque toujours après le meurtre, l'orgie, puis le pillage. D'autres fois, c'étaient des bandes de vingt à trente hommes qui envahissaient un village ou arrêtaient une diligence. On commençait souvent par tirer sur la voiture et sur les chevaux. Les conducteurs et des voyageurs étaient tués ou blessés, puis on pillait. Il y a des exemples de voitures dont tous les voyageurs furent massacrés.

Quelquefois les chouans se déguisaient en gendarmes pour surprendre, sans qu'ils pussent penser à se défendre, ceux qu'ils voulaient frapper. Ces prétendues expéditions étaient dirigées contre des acquéreurs de biens nationaux, contre des maires, et surtout contre des prêtres assermentés. On torturait souvent les victimes avant de les tuer.

La haine, les passions politiques, les vengeances personnelles, et la nécessité d'inspirer la terreur à tout ce qui les entourait, voilà les principaux motifs de tous ces crimes. La vie des chefs de chouans, dans l'existence aventureuse qu'ils menaient, dépendait en grande partie de la crainte qu'ils inspiraient. La mort presque certaine, qui atteignait ceux qui donnaient des renseignements contre eux, pouvait seule les empêcher d'être continuellement dénoncés. De là cette tendance, malheureusement trop concevable, à faire fusiller, sur un simple soupçon, toute personne qu'ils croyaient avoir donné aux bleus le moindre avis. Il y allait pour eux de la vie. Aussi sur la moindre apparence faisaient-ils fusiller impitoyablement hommes, femmes et enfants.

A Paris, il était évident que Georges ne pouvait tenter contre le Premier consul qu'une expédition de la nature de celles que nous venons de décrire. L'excuse qu'il cherche dans ce nom donné à un véritable assassinat, avec guet-apens et préméditation, n'a donc jamais été qu'un véritable jeu de mots. Du reste, cette excuse paraît n'avoir été inventée que plus tard, lors du coup de main tenté en 1804.

Il existe une preuve matérielle écrite de la main même de Georges, qu'il ne pensait pas, en l'an IX, à attaquer le Premier consul à Paris.

La lettre du 26 nivôse, an IX, saisie dans le porte-manteau de son lieutenant Mercier, dit *la Vendée*, contient le plan de campagne de Georges. On y voit, avec les plus grands détails, l'organisation qu'il proposait au gouvernement britannique de donner au Morbihan où il veut pouvoir recommencer la guerre civile aussitôt que la guerre étrangère renaîtrait. Dans ce plan, Georges n'eût pas oublié de parler de la diversion qu'il devait tenter à Paris, à l'aide des forces qu'il y aurait portées. Non-seulement il n'en parle pas, mais il n'y fait même pas la moindre allusion, pour une excellente cause, c'est qu'il n'avait jamais pensé à tenter une chose impossible. Il ne parle que de la tentative qui a, dit-il, maladroitement éclaté rue Saint-Nicaise ; il espère la voir renouveler bientôt. On pouvait essayer d'assassiner le Premier consul, mais penser à l'attaquer de vive force dans le centre même de la révolution eût été de la démence. Or, Georges est ordinairement aussi sensé qu'audacieux.

D'où vint l'idée de faire sauter le Premier consul avec un baril de poudre ? Suivant toute probabilité, des essais faits par les républicains Chevalier, Veycer, etc. Dès cette époque, il paraît exister des rapports suivis entre les royalistes exaltés et les républicains violents; on en verra plus loin des preuves curieuses.

L'idée de se défaire du Premier consul, en le faisant sauter à l'aide d'un baril de poudre, paraît même n'avoir été arrêtée définitivement que quelques jours avant la tentative. On voit, par la déposition de la fille Jourdan, que ce n'est que le 5 nivôse, quelques heures seulement avant l'attentat, que Saint-Réjant fit des expériences sur la longueur que devaient avoir des morceaux d'amadou pour mettre le feu à de la poudre dans un laps de temps déterminé. Saint-Réjant voulait obtenir des mèches pouvant communiquer le feu en deux secondes, disait-il. Les premiers morceaux mirent jusqu'à vingt secondes pour communiquer le feu à la poudre. Ces expériences se firent sur une cheminée, en présence de la fille Jourdan. Saint-Réjant, montre en main, avec un compas pour mesurer la longueur des morceaux d'amadou, les répéta plusieurs fois.

C'est parce qu'ils n'avaient pas pris part à la décision de faire sauter le Premier consul à l'aide d'un baril de poudre que Georges et les autres chefs de chouans essayèrent de rejeter sur Saint-Réjant tout l'odieux de l'attentat.

Ils reconnaissaient, en causant avec les hommes de leur parti, avoir envoyé Saint-Réjant et Limoëlan à Paris, mais ils prétendaient que c'était Saint-Réjant qui avait pris sur lui de recourir à la machine infernale.

Il y a quelque chose de vrai dans cette explication de l'affaire du 3 nivôse. Saint-Réjant et Limoëlan, quand ils partirent, n'avaient pas reçu l'ordre de se défaire du Premier consul par le moyen qu'ils employèrent, ni par aucun autre moyen déterminé d'avance.

Toute la défense des royalistes repose sur cette équivoque. Évidemment, ce ne fut qu'à Paris que Saint-Réjant et Limoëlan, pour exécuter l'engagement que leur rappela d'une manière si pressante le billet signé Gédéon, se décidèrent à avoir recours à un baril de poudre pour faire sauter le Premier consul.

En Bretagne, une seule décision avait été prise; il fallait, à n'importe quel prix, changer l'état de choses existant. Pour atteindre ce but les royalistes n'avaient qu'un seul moyen possible :

frapper le Premier consul. Le général Bonaparte mort, tout le gouvernement, qui reposait sur sa tête, s'écroulait. Quant aux moyens d'exécution, ils avaient été nécessairement laissés à la décision de Limoëlan et de Saint-Réjant, les circonstances seules pouvant leur faire connaître ce qu'il serait possible de tenter.

Georges et les autres chefs de chouans prétendirent n'être pas complices de l'attentat du 3 nivôse, parce qu'ils n'avaient pas pris part à cette décision et aux conséquences qu'elle dut avoir.

Pour bien comprendre comment Georges Cadoudal fut amené à avoir recours aux moyens odieux qui furent employés contre le Premier consul, il faut remonter à l'époque de la soumission à laquelle il dut se résigner dans l'hiver de l'an VIII.

Georges, battu à Grandchamp et à Elven, accablé par les forces dont disposait le général Brune, dut se soumettre, après avoir reconnu l'impossibilité de résister. Il vint alors à Paris, et eut avec le Premier consul une entrevue qui a donné lieu à plusieurs versions différentes.

La plus accréditée est celle-ci : Georges résista à l'influence du Premier consul. Quand il fut aux Tuileries, Rapp, qui l'introduisit, conçut à son aspect de telles craintes qu'il ne referma pas la porte du cabinet du Premier consul, et qu'il vint à plusieurs reprises regarder pour voir ce qui s'y passait. Le général Bonaparte fit en vain retentir les mots de patrie, de gloire aux oreilles de Georges ; il essaya même d'exciter son ambition : il ne réussit point. Georges, en le quittant, partit pour l'Angleterre avec M. Hyde de Neuville. Plusieurs fois, racontant son entrevue à son compagnon de voyage, il s'écria : « Quelle faute j'ai commise de ne pas étouffer cet homme dans mes bras ! »

Les amis de Georges ont été jusqu'à prétendre que le Premier consul, voulant se l'attacher à n'importe quel prix, lui avait offert le grade de général de division ou cent mille francs de pension, etc.

Ces versions paraissent complétement inexactes. Georges ne quitta pas Paris avec M. Hyde de Neuville, pour se rendre en Angleterre avec l'autorisation du Premier consul. Il retourna d'abord dans le Morbihan, et ne passa en Angleterre que plus tard. Ce fait est prouvé par des pièces décisives :

Il y a d'abord une lettre de Georges[1] lui-même au général Clarke, du 19 germinal an VIII (9 avril 1800), dans laquelle Georges lui annonçait qu'il quittait Paris et rentrait dans ses foyers. Puis une lettre du Premier consul à Brune, du 28 germinal an VIII (18 avril 1800); il lui écrit : «Si vous le jugez nécessaire faites arrêter Georges. » C'est évidemment une réponse à une dépêche de Brune, qui faisait connaître la présence de Georges dans le Morbihan et se plaignait de la manière dont il s'y conduisait.

Enfin il existe une autre lettre du Premier consul au général Bernadotte, du 11 floréal an VIII (1er mai 1800), dans laquelle il lui mande : « Georges paraît être mal intentionné. L'on m'assure même *qu'à l'heure qu'il est il a passé en Angleterre;* si vous pouvez sûrement le saisir, arrêtez-le. »

[1] Voir page 49.

Quant à la conversation que Georges aurait eue avec Hyde de Neuville, pendant le voyage d'Angleterre qu'ils auraient fait ensemble, elle est en contradiction formelle avec ce que le général Bonaparte mandait à Brune.

Comme le Premier consul écrivait le 14 ventôse an VIII (5 mars 1800), c'est-à-dire *le jour même* de l'entrevue qu'il avait eue avec Georges, l'on ne saurait contester l'exactitude de ses souvenirs par rapport à la conversation qu'il venait d'avoir avec cet ancien chef de chouans.

« J'ai vu, ce matin, Georges ; *il m'a paru un gros Breton dont peut-être il sera possible de tirer parti pour les intérêts mêmes de la patrie...* »

On voit, par cette lettre, qu'il n'y a rien de fondé dans les propositions exorbitantes que l'on a dit que le Premier consul fit à Georges, le grade de général de division ou cent mille francs par an, etc.

Il est plus que probable que tout se réduisit à l'offre d'un grade dans un corps franc, que l'on organisait avec les hommes compromis dans la guerre civile. Georges lui-même dans son procès se contente de dire : « Je craignais d'être arrêté ici, parce que *j'avais peut-être refusé de servir* le gouvernement. Je pris alors le parti de passer en Angleterre. »

Les réponses de Georges durent également être bien moins catégoriques qu'on ne l'a dit, puisque le Premier consul espère qu'on pourra peut-être tirer parti de Georges dans l'intérêt de la patrie. Il n'y avait donc eu de la part de Georges que des hésitations et non un refus absolu. Il suffit de lire les réponses de Georges dans ses interrogatoires pour en être convaincu. Il répond avec une extrême réserve. Loin d'être violent comme on le croit généralement, il est très-prudent, cauteleux même ; il équivoque à tout instant sur les mots et souvent ne répond pas à la question qu'on lui pose.

C'est probablement plus tard que Georges aura exprimé le regret qu'on lui prête de n'avoir pas étouffé le Premier consul dans ses bras nerveux. On a également substitué des fictions à ce qui put se dire dans le véritable entretien qui eut lieu aux Tuileries, entre le

Premier consul et le chef de chouans du Morbihan.

La lettre du général Bonaparte, qui n'avait aucun motif d'altérer la vérité, jointe à ce fait que le voyage d'Hyde de Neuville avec Georges est de pure invention, ne laisse aucun doute sur ce point.

Si ces quelques lignes ne suffisaient pas pour donner une idée exacte de la valeur que Georges pouvait avoir aux yeux du Premier consul, et pour faire comprendre le véritable prix que le général Bonaparte pouvait attacher à le rallier à sa cause, il suffit de lire sa correspondance avec Brune et avec Bernadotte pour être bien fixé.

On y verra que le général Bonaparte reçut à sa table M. de Chatillon, autre chef de chouans, et ne pensa même pas à faire cet honneur à Georges, que, d'après certains écrivains, il aurait voulu rallier à n'importe quel prix. Pour le Premier consul, Georges n'était qu'un chef de partisans très-hardi et très-courageux, pouvant créer des difficultés sérieuses dans le Morbihan, et qu'il fallait, autant que possible, mettre hors d'état de nuire. Aller au delà serait se méprendre volontairement. L'aveuglement de l'esprit

de parti explique seul l'exagération dans laquelle
sont tombés ceux qui, les premiers, ont propagé
cette version sur l'entrevue du Premier consul
et de Georges. Les autres n'ont fait que répéter
ces dires, comme cela arrive bien souvent.

La correspondance du Premier consul prouve
que sa première intention avait été de faire sur
Georges un exemple qui intimidât tous les chefs
de chouans. Le 14 janvier, il écrivait à Brune :
« *Après avoir détruit Georges*, etc., vous procé-
derez au désarmement. » Plus tard obligé d'accepter comme un fait accompli les pourparlers
engagés par Brune, il se décida à regret à
accepter la soumission de Georges, s'il consen-
tait à un désarmement complet dans le Morbihan.

Cette soumission de Georges en 1800 ne fut
pas du reste de longue durée.

Dès le 18 avril, on voit, par une lettre du
Premier consul au général Brune, que déjà ce
général avait fait connaître que Georges agissait contre le gouvernement. « Si vous le jugez
nécessaire, faites arrêter Georges, » lui répond
le général Bonaparte.

Le 1er mai, le Premier consul est plus explicite ; il dit : « On m'assure qu'à l'heure qu'il est Georges est passé en Angleterre ; si vous pouvez sûrement le saisir, arrêtez-le. »

Le 4 juin, il écrit à Fouché : « Georges, à ce qu'on m'assure, est de retour d'Angleterre ; il est indispensable que vous le fassiez arrêter, ainsi que le père de Frotté, qui est dans l'Orne. N'épargnez aucun moyen pour avoir, morts ou vifs, ces deux hommes. »

Le même jour, il envoie à Bernadotte, qui commande l'armée de l'Ouest, l'ordre suivant : « Prenez, mort ou vif, ce coquin de Georges. Si vous le tenez une fois, faites-le fusiller vingt-quatre heures après, comme ayant été en Angleterre après la capitulation. »

Il lui réitère les mêmes ordres, le 4 juillet : « Faites donc arrêter et fusiller dans les vingt-quatre heures ce misérable Georges. »

Le 10 juillet, le Premier consul écrit encore à Bernadotte : « Je crains, comme vous, que Bourmont et les autres chefs de chouans ne se conduisent mal. D'ailleurs, il ne doit pas y avoir un État dans l'État. Georges est un de

ceux qui se conduisent le plus mal ; faites-le
saisir et fusiller. »

Les ordres du Premier consul n'étaient pas
de vaines menaces ; ils furent suivis de mesures
redoutables. Un camp était établi à Pontivy,. au
centre du pays insurgé ; des garnisons occupaient
les villes importantes ; des cantonnements étaient
placés dans les localités secondaires. De tous
ces points, des colonnes mobiles poursuivaient
Georges et tous ses partisans. De 1800 à 1802,
plus de cinquante de ses officiers, parmi lesquels
son lieutenant Mercier, dit la Vendée, et un de ses
frères, Julien Cadoudal, furent tués ou fusillés.

C'est dans cet état de choses que Georges et
ses principaux officiers, traqués comme des
bêtes fauves, sentant qu'ils étaient perdus s'ils
ne parvenaient, n'importe par quel moyen, à
frapper leur redoutable adversaire, prirent la
sinistre résolution dont le résultat fut l'attentat
du 3 nivôse.

Ainsi que nous l'avons déjà dit, Saint-Réjant,
seul, a su ce qui s'était passé rue Saint-Nicaise.
Dans sa lettre à Georges a-t-il dit toute la

vérité? C'est plus que douteux; la fin de sa lettre prouve qu'il prévoit toutes les accusations qu'on formula contre lui dans son propre parti. Que Saint-Réjant n'ait aperçu la voiture du Premier consul qu'au moment où elle entrait dans la rue Saint-Nicaise, c'est très-possible; mais qu'il ait été violemment heurté par le cheval d'un des hommes de l'escorte et lancé contre la muraille, c'est douteux. Cela ne pouvait guère avoir lieu sans que le cavalier qui montait le cheval s'en aperçût, et aucun des grenadiers à cheval ne parle de ce fait dans sa déposition.

Est-ce le hasard qui avait amené la voiture qui se trouvait près de la charrette de Saint-Réjant quand le Premier consul entrait rue Saint-Nicaise? Cette voiture était-elle conduite par un complice de Saint-Réjant, destinée à barrer la rue et à le recevoir quand il aurait mis le feu à la machine infernale?. Le soin extrême avec lequel son conducteur se cacha après l'attentat, car ni Fouché ni Dubois n'en purent découvrir la trace, permet de le soupçonner. Si cela était ainsi, il est facile de comprendre que Saint-Réjant, voyant un grenadier menacer de son sabre son complice, se crût découvert et hésitât à mettre le feu à la machine infernale, jusqu'au moment où le grenadier Durand entra rue de Malte.

Lors même que la voiture de place n'eût pas été conduite par un complice de Saint-Réjant, il y a une explication bien naturelle de son hésitation. En passant entre la charrette et la voiture de place qu'il fit avancer, le grenadier Durand, arrêté près de la voiture dont il déclare avoir menacé le cocher avec son sabre, se trouvait presque toucher Saint-Réjant; que Durand, n'ayant aucun soupçon, ne fît pas attention à ce que ce dernier faisait, c'est tout simple; mais que Saint-Réjant, voyant le sabre à la main à un soldat qui n'avait qu'à se retourner pour le frapper, se crût découvert et eût machinalement un moment d'hésitation, c'est plus que concevable. Puis, le grenadier à cheval s'éloignant, il revint à son premier projet et mit le feu. C'est probablement pour justifier cette hésitation si naturelle, presque involontaire, qu'il prétend avoir été heurté par un cheval.

Les dires de Saint-Réjant peuvent, à la rigueur, s'expliquer de la manière suivante. Le grenadier Durand, pour parler au cocher de la voiture de place, devait maintenir son cheval la tête tournée de ce côté. La croupe, par suite, devait presque toucher le derrière de la charrette de Saint-Réjant, qui était placée obliquement en travers de la rue. Le cheval, qui venait de se blesser à la jambe, devait s'agiter violemment ; dans un de ses mouvements, aurait-il heurté avec sa croupe Saint-Réjant, et l'aurait-il poussé durement contre la muraille sans que son cavalier, tout préoccupé de la voiture de place, s'en aperçût ? C'est possible.

Tout ce qu'on peut dire, c'est que Saint-Réjant seul a su exactement tout ce qui s'était passé dans ce moment fatal.

Il y a également dans la lettre de Saint-Réjant un passage dans lequel il est plus que probable qu'il a encore altéré la vérité.

« Le malfaiteur revint à la charge et mit le feu de suite, mais la poudre ne se trouva pas aussi bonne qu'elle l'est ordinairement, et son effet fut de deux ou trois secondes plus lent qu'il ne l'est d'habitude, car sans cela le Premier consul périssait inévitablement ; c'est la faute de la poudre et non celle du malfaiteur. »

Quand on a la moindre habitude du maniement de la poudre, il est impossible d'admettre les raisons de Saint-Réjant. Si l'explosion n'eut pas lieu aussi rapidement qu'il pouvait le désirer, cela a dû tenir très-probablement à la longueur qu'il avait donnée à la mèche adaptée à la machine infernale, et non à la qualité de la poudre. Au lieu d'une mèche devant durer de deux à trois secondes, comme il prétendit en avoir mis une, ce qui ne lui eût pas donné le temps de se sauver, il en avait très-probablement employé une qui dura beaucoup plus longtemps.

Dans sa lettre, Saint-Réjant dit encore : « On avait assuré au malfaiteur que la voiture du Premier consul était précédée d'une avant-garde, ce qui n'était pas. »

La déposition du grenadier à cheval Durand prouve que Saint-Réjant a encore altéré la vérité, toujours dans le même but, dissimuler

une indécision, une hésitation de quelques secondes, qui sauva le Premier consul.

Saint-Réjant est un homme qui a un amour-
propre extrême, ainsi qu'on le voit par la lettre
qu'il écrit à sa sœur. Il craint par-dessus tout
qu'on ne le soupçonne d'avoir manqué de présence d'esprit et de courage : de là les faits
inexacts qu'il substitue, dans sa lettre, à la réalité.

J'ai fait une analyse minutieuse de cette
lettre, parce que, avec le rapport de Fouché,
elle est la pièce sur laquelle sont basés tous les
récits de l'attentat du 3 nivôse. On y trouve
l'explication des nombreuses erreurs qui, jusqu'à
présent, ont été admises comme des vérités in-
contestables.

Aussitôt après avoir mis le feu à la machine
infernale, Saint-Réjant se jeta rue de Malte, en
sorte qu'au moment de l'explosion il n'était
plus dans la sphère d'action directe de ce terrible engin de destruction, aussi ne reçut-il
qu'une commotion très-violente. Tous les accidents qu'il éprouva pendant la nuit, surdité,
mal aux yeux, crachements de sang, tout s'ex-

plique par la terrible secousse qu'il reçut. Quant aux blessures, les témoignages du médecin et de la femme Leguilloux qui le soignaient sont unanimes : il n'en avait pas reçu le 3 nivôse.

Ces déclarations sont confirmées par un témoignage plus décisif encore. Quand il fut conduit à la Conciergerie, Saint-Réjant fut visité, afin de constater les blessures qu'on croyait qu'il avait reçues. Le certificat du médecin de la prison prouve qu'il n'en trouva aucune trace. C'est ce qui explique comment une saignée suffit pour faire disparaître les symptômes si graves qu'il éprouva dans la nuit du 3 au 4.

Voici, du reste, en ce qui concerne Saint-Réjant, les faits qui ont été constatés par les témoignages de la femme Leguilloux, du médecin qui le soigna, et de Saint-Réjant lui-même, pour une partie de ces faits.

La déposition de la femme Leguilloux peut se résumer ainsi :

« Soyer (Saint-Réjant) est rentré le 3 nivôse entre huit heures et demie et neuf heures. Il

était seul, et est monté de suite dans sa chàm-
bre. Beaumont (Limoëlan) vint quelque temps
après, et me demanda : « Votre monsieur est-il
« rentré? »

« Il entra de suite dans la chambre de Soyer
(Saint-Réjant). Quelque temps après, il vint
m'appeler, et me dit que Soyer était très-mal;
qu'il fallait sur-le-champ aller chercher un confesseur *honnête homme*. Je lui dis que je n'en
connaissais pas, et qu'il fallait plutôt aller chercher un médecin. Je fis lever mon fils, qui se
rendit chez Bourgeois, à la *Croix-Rouge*. Celui-
c i alla chercher M. Collin, dont il savait l'a-
dresse.

« Bourgeois, vers dix heures, amena le médecin, et passa la nuit près de Soyer.

« Beaumont arriva quelque temps après avec
le confesseur, que je ne connais pas. Beaumont
m'a dit que Soyer avait été renversé par un cheval qui lui avait marché sur la poitrine et sur la
tête.

« Soyer est parti le 4 nivôse au soir pour
retourner chez la veuve Jourdan, en laissant
Saint-Hilaire dans sa chambre; il était si faible

que je l'ai fait suivre par ma fille, car je craignais qu'il ne tombât sur l'escalier ; il a pris la rue Honoré tout droit. Ma fille l'a laissé à la hauteur de la rue Nicaise. »

Le 5 nivôse, à dix heures du soir, l'officier de santé Collin arriva près de Saint-Réjant. Voici sa déposition :

« Je trouvai le même malade, rue des Prouvaires, très-dangereusement affecté, couché, crachant le sang, et le rendant par les narines, avec une difficulté extrême de la respiration. Il me dit avoir fait une chute. Examinant successivement sa tête, son col, la poitrine, le ventre, je ne reconnus aucune plaie ni contusion extérieure. Je le saignai au bras droit, la respiration devint plus libre pendant l'écoulement du sang. »

Le lendemain, à dix heures et demie du matin, M. Collin fut de nouveau voir Saint-Réjant ; il le trouva levé et assis près de son feu.

Quant à Saint-Réjant, reconnu par ces témoins, et pressé par Dubois, il dit dans un de ses premiers interrogatoires.

« Il est vrai que je me trouvais fortement incommodé de l'explosion, lorsque je rentrai vers huit heures un quart ou huit heures et demie. Il est vrai que Limoëlan, dit Beaumont, vint me voir, et me voyant très-mal me procura un médecin et un confesseur. J'ai été saigné par suite d'un crachement de sang.

« Oui, j'ai dit au sieur Collin que je m'étais trouvé du côté de la rue de Malte, près de la grille, au moment de l'explosion. »

Quelle était la véritable cause des accidents si graves que Saint-Réjant éprouva pendant la nuit du 3 nivôse? Saint-Réjant, dans sa défense, prétendit d'abord avoir fait une chute, puis reconnut qu'il était rue de Malte au moment de l'explosion, et dit avoir été blessé par des tuiles qui tombèrent sur lui.

Dans sa lettre à Georges, il dit avoir été jeté par un cheval contre la muraille de la maison près de laquelle il se trouvait.

Limoëlan, dans le premier moment, pour

expliquer l'état dans lequel était Saint-Réjant, dit à la femme Leguilloux qu'il avait été renversé par un cheval, qui lui avait marché sur la poitrine et sur la tête. Cette version est bien difficile à admettre, quoiqu'elle paraisse être celle que Saint-Réjant avait donnée à ses complices; il est presque impossible, comme nous l'avons déjà dit, qu'il eût été heurté violemment par le cheval d'un des grenadiers de l'escorte, sans que ce cavalier s'en aperçût. Or, aucun des grenadiers, dans sa déposition, ne parla de ce fait sur lequel on les interrogea.

Le séjour prolongé de Saint-Réjant à Paris, après l'attentat du 3 nivôse, est une témérité si grande, qu'il a dû notablement contribuer à faire croire que des blessures graves le contraignaient d'y rester.

Ainsi qu'on vient de le voir, il n'en est rien. Saint-Réjant resta à Paris pour des causes diverses. On peut en indiquer au moins quelques-unes.

Saint-Réjant savait qu'il serait très-mal reçu en Bretagne. Le succès n'étant pas là pour lui faire pardonner ce qu'il y avait d'atroce dans le moyen auquel il avait eu recours, il devait s'attendre aux reproches les plus violents.

La réprobation générale qui faisait peser sur le parti royaliste tout entier ce qu'il y avait d'odieux dans le moyen employé, devait porter Georges lui-même et les autres chefs à rejeter sur lui seul la responsabilité de ce crime inutile.

Et puis Saint-Réjant est un homme d'une audace extrême.

On peut en juger par les détails suivants, compris dans la déposition de la femme Leguilloux.

« Soyer est revenu le 28 nivôse avec Bourgeois. Comme il parlait d'aller au spectacle, Bourgeois lui observa qu'il pouvait y avoir du danger, parce qu'il n'avait pas de carte de sûreté. Il répondit qu'il en avait une, et il la fit voir; elle était au nom de Soyer. (Saint-Réjant dit qu'elle était au nom de Sollier.) Ils partirent alors, furent au spectacle, et revinrent vers les dix heures du soir; ils trouvèrent dans la chambre de Soyer la veuve Jourdan et sa fille, qui leur annonça que celui qui avait porté du vin chez lui était arrêté, et dénonçait tout le monde. Soyer se décida à partir, mais auparavant il soupa, ainsi que Bourgeois, avec les deux femmes Jourdan. Ils mangèrent du veau froid, quelques côtelettes, et burent quelques verres de vin. Les deux femmes partirent, puis Soyer et Bourgeois. »

Du reste, malgré tout le danger qu'il courait, Saint-Réjant était tellement habitué à la vie d'aventure, que l'on voit, par la déposition de la fille Jourdan, qu'il fut très-gai pendant les quinze jours qui suivirent l'attentat, et qu'il riait souvent avec elle et avec sa mère.

Y eut-il encore d'autres causes? on ne peut guère en douter. Saint-Réjant, pour se faire pardonner un insuccès compromettant pour tout son parti, aurait-il eu l'intention de faire une nouvelle tentative contre le Premier consul? c'est plus que probable : « Je suis décidé à ne pas quitter ce pays que je n'aie entièrement fait tous les achats dont nous sommes convenus pour notre commerce. »

Des ordres de Georges le décidèrent-ils à rester dans la capitale? Malgré la diminution des subsides qu'on lui envoya [1], 500 francs au lieu des 800 ou 1,000 francs qu'on lui avait, dit-il, promis et des 50 louis qu'il avait demandés le 4 nivôse, il n'est guère possible d'en douter, quand on lit dans la lettre de Georges au comte de la Chaussée, du 26 nivôse :

« Vous n'ignorez pas que la grande correspondance a *éclaté maladroitement; elle est heureusement renouée; je la presse d'agir, mais les fonds ne sont nullement suffisants...*

« J'espère que la grande correspondance *jouera encore bientôt.* »

Jusqu'au 28 nivôse, tout se réduisit pour Saint-Réjant à la nécessité de ne sortir que le soir; mais, à partir de ce jour, son existence devint extrêmement précaire. N'ayant plus de domicile fixe, traqué par la police, qui avait acquis la certitude de sa présence à Paris, il fut

[1] La lettre de Georges au comte de la Chaussée explique cette diminution par l'insuffisance des fonds dont il dispose.

réduit, en plein hiver, à passer plusieurs fois la nuit dans des bateaux de charbon.

A la fin, il parvint à se procurer des papiers portant le nom de Sougé, et crut qu'il pourrait trouver un logement, hôtel de Mayenne, rue du Four-Saint-Honoré.

Saint-Réjant fut livré à la police par ceux mêmes qui lui fournirent ces papiers, ainsi qu'on peut le voir par le petit billet suivant de Desmarets.

7 pluviôse an IX, à minuit.

« Mon cher Bertrand, je te sers en ami, c'est à toi que je confie une recherche importante, et qui me paraît sûre, d'après ce que je reçois en rentrant chez moi, à minuit. Faire fouiller, demain 8, *de grand matin*, l'hôtel de Mayenne, rue du Four-Honoré.

« Vous demanderez *Sougé*, et ne chercherez que lui, mais dans toute la maison et à fond.

« Cherchez dans tous les coins toujours *Sougé*, et vous trouverez probablement *Pierrot*.

« Qu'aucun endroit ne soit excepté, demandez *Sougé* dans toutes les chambres.

« DESMAREST. »

Ce que Desmarest avait prévu se réalisa. Saint-Réjant fut arrêté au moment où il venait demander une chambre, hôtel de Mayenne [1].

Saint-Réjant fut immédiatement conduit à la préfecture de police où Dubois lui fit subir plusieurs interrogatoires.

Saint-Réjant essaya d'abord de cacher son nom, et prétendit s'appeler Pierre Martin, être marin et être arrivé de Bretagne à Paris pour y chercher du travail. Confronté avec Carbon, avec Collin, avec la femme Leguilloux et avec la fille Jourdan, il fut obligé de reconnaître que

[1] Presque tous les écrivains se sont contentés de copier le paragraphe du rapport de Fouché du 11 pluviôse, concernant l'arrestation de Saint-Réjant.

« Un agent de Georges, que j'avais laissé libre, parce qu'il était désormais le seul qui pût me conduire à Saint-Réjant, trahit, sans s'en douter, son asile en y entrant lui-même le 7 pluviôse. Je donnai sur-le-champ ordre au préfet de police de le faire arrêter ; ce qui fut exécuté à la sortie même de la maison que je lui avais indiquée. »

Fouché, pour détourner les soupçons des personnes qui lui avaient livré Saint-Réjant, inventa dans son rapport cette petite histoire. On n'en trouve pas trace dans sa correspondance avec Dubois, qui fut chargé de toutes les mesures d'exécution.

Le billet de Desmarets prouve que Fouché dans son rapport a encore altéré la vérité sur ce point ; c'est du reste ce qu'il fait continuellement, aussitôt qu'il y voit la moindre utilité.

c'était bien lui que les témoins avaient connu sous le nom de Soyer, et que son véritable nom était Robinault de Saint-Réjant.

Interrogé sur les causes de l'indisposition grave qu'il avait éprouvée dans la nuit du 3 au 4 nivôse, il prétendit qu'il avait voulu aller au théâtre des Jeunes-Élèves, sur la rive gauche de la Seine, et que, n'étant pas content du spectacle qu'on y donnait, il était revenu sur la rive droite avec l'intention d'aller aux Français ; que c'était en se rendant à ce théâtre qu'il s'était trouvé rue de Malte, près de la grille, au moment de l'explosion ; là, il fut atteint par la chute de débris de toiture qui déterminèrent tous les accidents qu'il éprouva dans la nuit du 3 au 4.

Il se passa dans les interrogatoires de Saint-Réjant un fait très-grave. Quand on lui mit sous les yeux la lettre signée Gédéon et le brouillon de la lettre contenant le récit de l'attentat du 3 nivôse, pièces trouvées dans la chambre qu'il occupait chez la femme Leguilloux, Saint-Réjant se mit en colère. « Je ne connais pas ces lettres, dit-il avec animation, il paraît qu'elles ont été mises dans ma chambre pour me perdre. »

Envoyé plus tard à la Conciergerie, il fut mis au secret le plus sévère. On peut juger de l'importance qu'on attachait à tout ce qui concernait Saint-Réjant par les instructions suivantes, données au gardien-chef de la Conciergerie.

« Le concierge de la maison de justice recevra en dépôt Saint-Réjant et Carbon.

« Au secret le plus absolu.

« Prendre toutes les mesures convenables pour qu'ils ne puissent tenter aucune évasion, ni attenter à leurs jours. Il ne faut leur laisser parvenir, en conséquence, aucune boisson ou aucun aliment, autres que ceux qu'il leur aura préparés, afin que sa responsabilité ne puisse être compromise en aucune manière.

« Le préfet de police,

« Dubois. »

Fouché employa tous les moyens possibles pour tâcher d'obtenir de Saint-Réjant des aveux dont on peut comprendre toute là portée par le rôle qu'il avait joué dans cette affaire. Lui seul, en effet, pouvait faire connaître quels étaient les véritables auteurs de la machine infernale, ainsi que ceux qui avaient fourni les fonds et les moyens nécessaires pour l'exécuter.

On conçoit facilement que, dans la position infime où il se trouvait, Carbon savait peu; il n'en était pas de même de Saint-Réjant. Une pièce qui figure dans le procès prouve que Fouché employa tous les moyens que sa nature cauteleuse lui suggéra pour tâcher d'en obtenir des aveux. Tous ses efforts furent inutiles. Ils parvinrent seulement à faire écrire à Saint-Réjant la lettre suivante qui était adressée à sa sœur :

« Ma chère sœur,

« Je vous prie de vouloir me faire le plaisir de faire tout ce que vous pourrez pour tâcher d'avoir une permission pour me parler; ou si vous ne pouvez pas venir vous-même, envoyez quelqu'un de votre part.

« J'ai bien des choses à dire que je ne veux dire que de vive voix. J'ai appris avec bien de la peine que vous vous étiez fait mal en route, et surtout en apprenant que mes camarades ne savaient pas comment je m'étais conduit et comme je le fais encore tous les jours. Je puis vous assurer que, depuis que je suis arrêté, j'ai souffert le martyre, et que *je n'ai rien dit contre mes camarades et contre le parti*, quoiqu'on m'ait mis deux fois à la question secrète. Vous ne savez pas quel est ce genre de torture. Je vous dirai cela de vive voix. On m'a offert, après toutes ces souffrances, une place de général de brigade et 50,000 francs, si je voulais dire seulement que c'étaient les personnes que vous connaissez qui m'avaient chargé de cette affaire. Je leur répondis que je ne savais pas ce que c'était que de me sauver par un lâche mensonge. Voilà ma réponse.

« Je crois que vous me connaissez assez pour me croire toujours digne d'être votre ami, ainsi que celui de mes anciens camarades. »

« Je suis, avec estime et amitié, votre ami pour la vie.

« Si vous pouviez me faire passer quelque chose par le camarade qui m'a remis votre lettre, peu de chose à la fois. »

Aux moyens employés pour arracher des aveux à Saint-Réjant, on reconnaît la main de Fouché. Malgré tous les efforts que l'on fit pour lui faire avouer la complicité de Georges Cadoudal, Saint-Réjant persista à prétendre qu'il n'avait pas vu Georges depuis dix mois ; ce qui était complétement inexact.

Le passage, que l'on verra plus loin, des mémoires de l'un des chefs de légion du Morbihan, Rohu, prouve que Saint-Réjant et Georges, en prétendant ne pas s'être vus depuis la pacification, ont complétement altéré la vérité.

Dans le compte rendu imprimé du procès de Saint-Réjant, on voit comment son avocat, M° Domanget, flétrit la conduite de Fouché. Il fit connaître les moyens à l'aide desquels le ministre de la police avait fait écrire à Saint-Réjant la lettre qu'il adressa à sa sœur. Fouché avait d'abord arrêté une première lettre, écrite par madame Orieulx à Saint-Réjant [1].

[1] M. Domanget, qui n'avait pas pu voir madame Orieulx, dit qu'on avait retardé très-longtemps la lettre adressée par Saint-Réjant à sa sœur ; c'est inexact. Cette lettre fut envoyée à sa destination. Ce fut la réponse de madame Orieulx à Saint-Réjant que Fouché fit arrêter. Cette lettre (qu'on trouvera pièces jus-

Fouché avait de plus fait répandre partout le bruit que Saint-Réjant dénonçait Georges et toutes les autres personnes compromises dans l'affaire de la machine infernale. C'est ce qui fit publier par M. Hyde de Neuville une brochure très-violente contre ceux qui inculpaient le parti royaliste. Le ministre de la police eut bien soin de faire parvenir cette pièce à Saint-Réjant. Puis, à l'aide d'une lettre d'un soi-disant médecin de madame Orieulx portant que, blessée à la tête et au bras droit dans un accident de diligence, elle ne pourrait aller le voir à Paris ni lui écrire, Fouché parvint à inspirer à Saint-Réjant assez de confiance dans l'agent secret qui lui remettait le billet du docteur, pour décider le prisonnier à écrire la lettre qui figura au procès.

Quand madame Orieulx, sœur ou belle-sœur de Saint-Réjant, vint à Paris, Fouché la fit arrêter, et ne la mit en liberté qu'après l'exécution du jugement.

tificatives, numéro 6) n'a jamais été remise à Saint-Réjant, et, à sa place, après un long retard, on lui fit parvenir la lettre du prétendu médecin qui déclarait que, par suite d'un accident, madame Orieulx ne pouvait ni écrire, ni venir à Paris.

Bien des personnes pourront être étonnées de trouver de semblables documents dans un ouvrage publié sous la direction de Fouché. Cela vient de ce qu'elles n'apprécient pas bien son véritable caractère.

Comme tous les hommes qui font de la police par nature, ou par habitude, Fouché, qui en faisait même n'étant pas ministre, tirait vanité des résultats qu'il obtenait, fût-ce par les moyens les plus odieux. Il s'en vantait avec le cynisme le plus éhonté. Être parvenu, par son habileté, à arracher des demi-aveux à un homme comme Saint-Réjant, était pour lui un triomphe dont il devait être très-fier.

Pour des hommes comme Fouché, en fait de police, atteindre le but qu'ils poursuivent, est tout. Rien ne les arrête.

Je ne crois pas, du reste, qu'il faille prendre au pied de la lettre toutes les expressions de Saint-Réjant. Il écrivit évidemment sous l'empire d'une exaltation extrême, perfidement surexcitée par les agents de Fouché; ils parvinrent à lui arracher les quelques lignes que l'on a lues par une véritable torture morale : l'isolement absolu, et surtout les accusations formulées par ses anciens amis. L'idée d'être soupçonné de trahir ses camarades paraît bouleverser Saint-Réjant.

Il existe d'autres lettres de Saint-Réjant ; elles ne contiennent aucune trace de ce dont il se plaint si amèrement, et, ce qui est plus grave, il n'y fait aucune allusion dans son interrogatoire public, devant la cour de justice criminelle. Tenu au secret depuis longtemps, sous le coup d'une accusation capitale, que trop de preuves appuient pour lui laisser le moindre espoir, l'exaltation de Saint-Réjant ne se comprend que trop bien. Il veut décider à venir à Paris madame Orieulx, sur le dévouement de laquelle il peut compter, ainsi qu'on le voit par la lettre de cette dame du 30 pluviôse et par les efforts qu'elle tenta en sa faveur. A elle seule il peut révéler les secrets dont il parle ; c'est là, je crois, la véritable cause de l'exagération qui existe dans la lettre qu'il lui adresse. La redoutable nécessité d'opter entre une mort certaine et des offres séduisantes, dont Fouché était d'autant plus prodigue qu'il ne se faisait pas scrupule de n'en tenir aucun compte quand elles l'embarrassaient, explique suffisamment les tortures dont Saint-Réjant parle.

Voici, sur l'origine de l'affaire de la machine infernale, des détails connus de peu de personnes. Je les tiens de deux hommes qui ont été en rapport avec les chefs les plus importants du parti royaliste et du parti bleu en Bretagne à cette époque.

Les renseignements qu'ils m'ont donnés émanaient de gens qui avaient eu connaissance personnelle des faits qui ont précédé cette affaire. Loin de s'en défendre, au moment de la Restauration, plusieurs personnes, appartenant au parti royaliste, se faisaient un titre de faveur près du gouvernement de la part plus ou moins directe qu'elles y avaient prise, en servant surtout aux correspondances. Ces témoignages sont parfaitement concordants avec ceux de MM. C..., maîtres de forges, dont les usines étaient placées sur les confins du Morbihan et des Côtes-du-Nord. Ce fut chez eux que cette expédition fut décidée en principe.

Les MM. C... étaient bleus; mais, comme ils vivaient au milieu de la chouannerie, ils avaient profité de ce que l'un d'eux était camarade de collége de Georges pour obtenir de lui un sauf-conduit qui leur était indispensable pour rester, sans danger, dans leur établissement. Par compensation, Georges avait chez eux du linge et des vêtements de rechange; il y venait assez fréquemment, surtout pour avoir des nouvelles de Paris, les MM. C... recevant les papiers publics de l'époque.

Un soir, Georges se trouvait chez eux avec Mercier, dit la Vendée, et un curé appelé le Guillwic, qui a joué un rôle très-actif dans le Morbihan. Le curé se mit à lire les journaux, pendant que Georges, qui était dans une pièce voisine dont la porte était restée entr'ouverte, changeait de linge. Tout à coup le curé se mit à froisser avec fureur le journal, en disant du général Bonaparte : « Ce misérable va organiser un gouvernement durable; si nous le laissons faire, il va nous voler le résultat de tous nos efforts.

— Prenez donc garde, dit Mercier, vous allez

déchirer les papiers ; vous savez que le général tient beaucoup à les lire.

— Qu'y a-t-il donc ? dit Georges s'avançant à demi vêtu jusqu'à la porte.

— C'est cet homme, répéta le curé, qui, si nous le laissons faire, va nous enlever le résultat de tous nos efforts. »

A la suite d'une délibération assez longue, il fut décidé, en principe, qu'il fallait à n'importe quel prix modifier l'état de choses existant, et empêcher un gouvernement fort de s'établir, c'est-à-dire frapper le Premier consul qui, à lui seul, constituait tout le gouvernement.

Georges proposa aux MM. C... de changer 10,000 guinées qu'il avait reçues d'Angleterre. On ne put s'entendre sur le taux du change demandé que Georges trouvait trop élevé.

Ce fut à la suite de la décision arrêtée en principe aux forges de L..., et puis d'une réunion de chefs dont Rohu donne le détail, que Limoëlan, Joyau, Saint-Hilaire et Saint-Réjant furent expédiés à Paris par Georges, avec l'ordre de frapper le Premier consul. Comme on ne pouvait prévoir les moyens d'exécution qu'il leur serait possible d'employer, ils avaient été laissés à l'appréciation de Saint-Réjant et de ses compagnons.

Quand les MM. C... apprirent l'explosion de la machine infernale, ils connurent à la fois toute la gravité de la décision prise chez eux, et le danger qu'ils auraient couru s'ils s'étaient chargés du change des guinées que Georges leur avait proposé.

Dans des mémoires publiés par la *Revue de Bretagne et de Vendée*, Rohu, un des chefs de division de Georges, rend compte en ces termes du conseil dans lequel on décida que Saint-Réjant partirait pour Paris :

« Vers le milieu de l'année 1800, le général nous convoqua au nombre de quatre, savoir : Delear, Robinot de Saint-Réjant, le chevalier de Trécesson et moi. Il nous exposa qu'il avait besoin de l'un de nous *pour une mission à Paris.* Saint-Réjant, comme le plus ancien des officiers présents, prétendit avoir droit d'obtenir la préférence. Le général, acceptant la proposition, lui dit : « Je vous donnerai les moyens d'arriver jus-

« qu'à la capitale, et là vous vous mettrez en
« relation avec les personnes que je vous indi-
« querai et avec lesquelles vous vous entendrez
« pour l'achat du nombre de chevaux, d'habits
« et d'armes que je vous désignerai et dont je
« viendrai me servir plus tard. »

« Saint-Réjant partit. Quand nous apprîmes
que les tuiles des toits avaient tombé sur la
voiture du Premier consul, par suite de l'explosion de la machine infernale, Georges entra dans
une violente colère et il nous dit : « Je parierais
« que c'est un coup de tête de ce b..... de Saint-
« Réjant. Il aura voulu venir près de nous se
« vanter de nous avoir, à lui seul, *débarrassé*
« *de Bonaparte.* Il a dérangé tous mes plans.
« D'ailleurs, nous ne sommes pas en mesure
« d'agir. »

Les réponses de Georges, dans ses interrogatoires, ne donnent pas une haute idée de son
habileté, ni de son intelligence politique.

Si quelque chose peut faire douter de la bonne

foi d'un accusé, c'est bien certainement son obstination à nier avec persistance des faits dont l'exactitude est incontestable. C'est ce que Georges fit à tout instant.

Il nia des faits d'une importance secondaire, avoués par ceux-là mêmes qu'ils concernaient et établis d'une manière incontestable par de nombreux témoins. Il dit, par exemple, avoir été seul dans un cabriolet au moment de son arrestation.

Léridant avouait que c'était lui qui le conduisait et plusieurs témoins confirmaient son dire.

Thuriot. — Vous avez dit que vous étiez seul dans le cabriolet ; ce qu'il y a de certain, c'est qu'on a vu un autre individu dans le cabriolet avec vous.

Georges. — J'étais seul, etc... Ceux qui ont établi qui devait monter dans la voiture avec moi sont beaucoup plus savants que moi.

Thuriot. — Vous avez dit tout à l'heure que vous étiez seul dans le cabriolet ; cependant vous entendez le témoin dire que Léridant était dans le cabriolet.

Pas de réponse.

Le Président. — Léridant convient qu'il était avec vous.

Georges. — Il peut en convenir.

Le Président a Léridant. — Étiez-vous dans le cabriolet ?

Léridant. — C'est moi qui ai conduit le cabriolet.

Thuriot a Léridant (séance du 10 prairial). — Vous avez convenu que vous étiez dans le cabriolet lorsqu'il a été arrêté.

Léridant. — J'ai conduit le cabriolet.

Le Président a Georges. — Vous prétendez que Léridant n'était pas dans ce cabriolet avec vous, lorsqu'il est bien constant qu'il y était ; lui-même l'avoue.

Georges. — J'étais seul.

Georges dit que Picot n'avait pas été son domestique à Paris. Dix témoins, parmi ses coaccusés, et Picot lui-même, reconnurent le contraire.

Il y a une lettre de la plus haute importance dont un homme comme Georges aurait dû savoir accepter ou répudier la responsabilité; tantôt il l'avoue, tantôt il la désavoue. C'est la lettre qu'il avait écrite au comte de la Chaussée, le 26 nivôse an IX.

Le Président. — Cette lettre porte votre signature.

Georges. — C'est possible. Je n'ai pas la certitude qu'elle ne soit pas de moi...

« Je n'ai pas la certitude absolue qu'elle soit de moi...

« Je crois que je l'ai signée. »

Rien n'était plus propre que ces indécisions et ces tergiversations à faire ressortir tout ce que cette lettre avait de compromettant pour Georges, relativement à l'attentat du 3 nivôse.

De semblables dénégations, reproduites à tout instant, doivent enlever toute croyance dans ses dires.

Aussi, je dois le répéter, on ne peut avoir aucune confiance dans ses affirmations, ni dans ses dénégations. Il en est de même de presque tous les autres accusés.

Les mémoires de Rohu prouvent, du reste, que ce n'était pas sur les détails seulement que Georges altérait la vérité. Georges et Saint-Réjant nièrent s'être vus depuis le mois d'avril 1800, tandis que Saint-Réjant avait rejoint Georges dans le Morbihan, et ne le quitta que pour aller tenter à Paris, contre le Premier consul, le coup de main qui aboutit à la machine infernale. Georges lui-même, après être convenu, au moment de son arrestation, d'avoir envoyé Saint-Réjant à Paris, recula devant les conséquences de cet aveu ; il essaya de dénier ce qu'il avait dit.

En niant avoir donné l'ordre de frapper le Premier consul, Georges altère la vérité, comme il l'a déjà fait en niant avoir vu Saint-Réjant depuis la pacification ; il ne le fait, du reste, que d'une manière équivoque.

« Je ne crois pas que Saint-Réjant eût des ordres ; vous ne le prouverez pas, et je vous prouverai que je n'ai pas vu Saint-Réjant depuis mon départ de Paris. »

Le commencement de la réponse de Georges est aussi inexact que la fin. Saint-Réjant l'avait rejoint, et c'est en vertu de ses ordres que Saint-Réjant alla à Paris et tâcha de tuer le Premier consul. Quant aux moyens d'exécuter cette mission, il suffit, pour faire tomber la fameuse prétention d'attaquer à main armée le Premier consul, de rappeler que l'on ne trouva que quelques sabres, une carabine et deux paires de pistolets de Versailles, c'est-à-dire quelques armes de prix, et, de plus, trace de l'acquisition de fusils à vent.

Ce que Rohu raconte était, sauf le conseil de guerre, de notoriété publique pour toutes les personnes qui ont connu les événements de cette époque. C'était la version que Georges essaya de faire adopter par le parti royaliste. Malheureusement pour cette prétention, lors du 3 nivôse, on ne trouva même pas les huit ou neuf chevaux et les cinq ou six uniformes qui furent découverts en 1804.

Quant à l'intelligence politique de Georges, il y a des réponses qui doivent en faire douter.

Georges. — ... J'ai servi jusqu'à mon arrestation actuelle.

Le Président. — Lors de la pacification, y avez-vous consenti?

Georges. — Bonaparte ou un autre était venu nous dire que son intention était de rétablir la monarchie; c'était alors l'opinion publique de la France, et nous vînmes à Paris pour l'aider et concourir avec lui à la rétablir. Dans ce moment, je suis venu à Paris. »

Croire que le général Bonaparte, s'il avait voulu rétablir les Bourbons, eût employé les moyens les plus redoutables pour détruire ce qui leur restait de partisans, c'est vraiment avoir une singulière idée de la valeur du Premier consul comme homme d'État.

Je le répète, plus d'une réponse de Georges peut faire douter de son intelligence politique. Mais, grâce à sa sagacité et surtout à son bon sens, il se rendait compte de ce qu'il y avait de téméraire à tenter de renverser le gouvernement établi. Par suite, il devait comprendre qu'il n'avait de chances de succès qu'en frappant le Premier consul.

Ainsi s'explique la phrase si étrange que l'on trouve dans la lettre de Georges du 26 nivôse :

« ... Nous sommes, ici, à chaque instant exposés aux poignards des assassins. »

Cette phrase déclamatoire avait pour but de ustifier à ses propres yeux tout ce qu'il pouvait

tenter contre la personne du Premier consul.
Ce n'était que la peine du talion qu'il lui appli-
quait.

Georges refuse encore de reconnaître presque toutes les personnes chez lesquelles il a logé,
lors même que ces personnes avouent l'avoir
reçu chez elles et déclarent parfaitement le reconnaître.

En présence de la négation la plus obstinée de
faits évidents, on sent que Georges devait nier encore avec bien plus d'audace tous les faits dont la
preuve matérielle ne pouvait pas être donnée.
Par suite l'on ne . peut tenir aucun compte
de ses affirmations ou de ses dénégations,
même les plus formelles ; à plus forte raison, de
celles qui ne reposent que sur des jeux de mots,
comme quand il dit qu'il . ne voulait pas faire
assassiner, mais attaquer de vive force le Premier consul.

La manière dont Limoëlan, Saint-Réjant et
Joyau, c'est-à-dire son major général, un de ses
chefs de division et son propre aide-de-camp, ap-
pliquèrent ses instructions, le 3 nivôse, prouve

ce que valent toutes les protestations de Georges. Car ce n'est pas Saint-Réjant seul qui a essayé de faire sauter le Premier consul ; il n'eût rien pu exécuter si Limoëlan n'avait soldé, avec l'argent que Georges lui donnait, les dépenses qu'exigèrent les préparatifs de la machine infernale. Ce n'est pas tout, Limoëlan est un dissipateur qui n'a pas le sou. Sa mère, elle-même, dans sa déposition, déclare formellement qu'elle ne lui connaît aucunes ressources, que s'il a de l'argent, cet argent ne peut venir que de Georges ou du pillage des diligences. Malgré cela, non-seulement Limoëlan fournit tout l'argent nécessaire pour l'attentat, mais, dans le courant de nivôse, il envoie encore, par deux religieuses, 500 francs à Saint-Réjant, qui le reconnaît dans ses interrogatoires. Limoëlan avait même promis de lui donner 800 ou 1,000 francs. Aussi Saint-Réjant fut-il très-irrité de n'en recevoir que 500. Georges, du reste, dans sa lettre au comte de la Chaussée, en explique la cause : «Je la presse (la grande correspondance) d'agir, *mais les fonds ne sont nullement suffisants.* » Au fond, Georges voulait se défaire du Premier consul. Quant à l'exécution de cette décision, la guerre civile avait trop familiarisé Georges et tous ses officiers avec les coups de main de toute sorte, pour qu'ils reculassent devant ce que ces moyens auraient pu avoir d'odieux pour d'autres hommes.

La guerre civile est une détestable école; les affaires de l'an IX, de l'an XII et beaucoup d'autres, ne le prouvent malheureusement que trop.

Quant à sa participation à l'attentat du 3 nivôse, Georges essaya plutôt d'équivoquer qu'il ne nia d'une manière absolue. Voici, du reste, son interrogatoire :

Président. — Il paraît que vous n'étiez pas étranger à l'affaire du 3 nivôse; que vous connaissiez parfaitement Saint-Réjant; que vous avez eu correspondance avec lui; que vous avez été, en quelque sorte, l'âme de la machine infernale.

Georges. — Il serait difficile de prouver cela.

Président. — N'avez-vous jamais écrit à Saint-Réjant ?

GEORGES. — Non, monsieur.

PRÉSIDENT. — Avez-vous écrit à Saint-Réjant le billet signé Gédéon ?

GEORGES. — On ne prouvera jamais que ce billet est de moi, et on ne prouvera jamais que ce billet ait en rien décidé l'affaire du 3 nivôse.

PRÉSIDENT. — Ce n'est pas ce billet qui a décidé l'affaire. Le parti était pris. Saint-Réjant avait des ordres. La machine était faite, et on a saisi le moment de pouvoir mettre à exécution ce projet.

GEORGES. — *Je ne crois pas* que Saint-Réjant eût des ordres ; vous ne le prouverez pas, et *je vous prouverai que je n'ai pas vu Saint-Réjant depuis mon départ de Paris*, ainsi que bien d'autres de nos officiers qui ont quitté l'armée et qui se sont en allés chacun de son côté.

PRÉSIDENT. — Vous étiez chez vous, en Bretagne, le 3 nivôse ; le billet a cinq jours de date, il a donc eu le temps d'arriver à Saint-Réjant.

GEORGES. — Non, il a été écrit cinq jours avant.

PRÉSIDENT. — Votre lettre était à la poste et elle a pu arriver.

GEORGES. — Le jour où l'on écrivait, d'abord ; le temps de porter à la poste ; ensuite, de l'envoyer à Paris, de la demander à la poste ; ensuite, de la porter de la poste à Saint-Réjant, qui, dans la position où il était, ne pouvait recevoir ce billet que par une personne tierce ; ensuite, les préparatifs à faire, qui ont dû entraîner quelque temps : tout cela prouve que ce billet n'a pu être fabriqué par moi-même.

Thuriot releva la contradiction qui existait entre la prétention de Georges de n'avoir pas vu Saint-Réjant et sa réponse dans son deuxième interrogatoire à la préfecture, dans lequel Georges avait déclaré avoir chargé Saint-Réjant de réunir des moyens pour attaquer le Premier consul [1].

GEORGES. — J'ai vu, dans l'interrogatoire qu'on m'a fait subir à la préfecture, cette observation avec le dernier étonnement. Je n'étais pas encore très-rassis de la conduite qu'on venait de me faire, mais *il n'y a pas la moindre vérité dans tout cela.*

----

[1] Pièces justificatives n° 7.

PRÉSIDENT. — Cependant votre interrogatoire vous a été lu; vous l'avez même signé.

GEORGES. — C'est fort possible; mais ce que j'ai fait à la préfecture...

PRÉSIDENT. — Cet interrogatoire vous a été relu par le juge, et vous avez persisté dans ce même interrogatoire.

GEORGES. — Je ne sais pas si cela est.

PRÉSIDENT. — Vous auriez pu alors faire l'observation, que vous n'aviez pas fait cette déclaration; cependant vous l'avez confirmée.

Georges prétend ne pas se rappeler. »

Quand on compare avec toute l'attention qu'ils méritent les passages suivants de la correspondance de Georges et de celle de Saint-Réjant, on arrive à la conviction que, non-seulement Georges a connu et approuvé l'attentat dirigé le 3 nivôse contre la vie du Premier consul, mais a essayé de le faire renouveler.

Le 28 frimaire, il écrivait à Saint-Réjant :

« Hélas, les quinze jours sont passés; les événements s'avancent d'une manière effrayante.

Si les malheurs continuent, je ne sais ce que nous deviendrons tous. En toi seul est notre confiance et toute notre espérance. Tes amis se rappellent à ton souvenir et te recommandent leur sort.

> « Adieu, ton sincère ami,
>
> « GÉDÉON. »

« Nous attendons à tous les courriers de tes nouvelles. »

Le 4 nivôse, Saint-Réjant lui répondait :

« Mon cher ami, je te déclare que je suis décidé à ne pas quitter ce pays que je n'aie entièrement fait tous les achats dont nous sommes convenus pour notre commerce. »

Enfin le 26 nivôse, Georges écrivait au comte de la Chaussée :

« Vous n'ignorez pas que la grande correspondance a éclaté maladroitement ; elle est heureusement renouée. Je la presse d'agir...

« J'espère que la grande correspondance jouera encore bientôt. »

Ces quelques lignes, qui sont comme noyées dans l'ensemble de la lettre touchent à une idée qui préoccupe tellement Georges, qu'il y revient à deux fois; elles ne sont que trop significatives. Il espère encore que Saint-Réjant, qui est resté à Paris pour *exécuter ce dont on est convenu*, réussira à frapper le Premier consul.

Georges comprenait tellement bien la portée des quelques lignes que l'on vient de lire, qu'après avoir déclaré que la lettre au comte de la Chaussée était peut-être de lui : puis qu'elle n'était pas de lui; puis qu'il croyait l'avoir signée, finit enfin par déclarer *qu'il est impossible que cette pièce soit de lui.*

Georges fit cette singulière déclaration après avoir essayé de discuter la portée des expression concernant la machine infernale. Il prétendit d'abord que le passage concernant la grande correspondance n'y avait nullement trait, puis qu'il l'expliquerait dans sa défense; enfin, sentant que c'était impossible, il déclara que la lettre n'était pas de lui. Voici du reste textuellement ses réponses :

Georges. — J'ai lu cette lettre, je me suis appliqué, autant que cela a dépendu de moi, à me rappeler s'il est vrai que je l'ai écrite, et je n'en suis pas encore sûr. Au moment où je me défendrai, je vous dirai avec vérité si elle est de moi, ou n'en est pas.

Le Président. — Cette lettre porte votre signature.

Georges. — C'est possible, je n'ai pas la certitude qu'elle ne soit pas de moi.

Le Président. —Elle porte la date du 16 janvier 1801 ; présentez cette lettre à l'accusé. (On représente la lettre.)

Georges. — Je n'ai pas la certitude absolue qu'elle soit de moi.

Le Président. —Vous devez connaître votre signature.

Georges. — Je crois que je l'ai signée ; d'ailleurs la signature ressemble à la mienne, jusqu'à un certain point.

Ce que je dois dire avec vérité, c'est que, depuis 1793, j'ai toujours suivi le même système ; et que, depuis 1793, j'ai toujours combattu, soit en armes, soit autrement, pour le rétablissement du gouvernement d'un seul en France, que je n'ai jamais changé là-dessus.

Craignant d'être arrêté ici parce que *j'avais peut-être pu refuser de servir le gouvernement*, je pris alors le parti de passer en Angleterre. Depuis ce temps je n'ai pas vu Saint-Réjant et personne ne pourra me le prouver.

Le Président. — A quelle époque avez-vous passé en Angleterre.

Georges. — J'ai été vingt-six ou vingt-huit jours à Paris.

Le Président. — A quelle époque êtes-vous venu à Paris? Dans quelle année.

Georges. — Je ne me le rappelle pas, il y a six ans; en 1800 je crois.

Le Président. — N'étiez-vous pas en France à l'époque du 3 nivôse an IX?

Georges. — J'étais alors en Bretagne.

Le Président. — Georges, la lettre que vous avez écrite au comte de la Chaussée est du 16 janvier 1801.

Qu'entendiez-vous lorsque vous disiez : « Vous n'ignorez pas que la grande correspondance a éclaté maladroitement; elle est heureusement renouée. » N'entendiez-vous pas par là l'affaire du 3 nivôse.

Georges. — Nullement.

Le Président. — De quoi entendiez-vous parler ?

Georges. — Je vous l'expliquerai dans ma défense[1]. Comme je ne m'attendais pas ce matin à être obligé de me défendre, je ne m'y suis pas préparé.

Le Président. — Pour dire la vérité on n'a pas besoin de beaucoup de préparation. D'ailleurs, accusé Georges, vous devez savoir ce que signifie cette lettre-là, si elle est de vous; pourquoi vous l'avez écrite. Vous avez eu le temps, depuis votre arrestation, de réfléchir à toute cette pièce-là.

Georges. — Cette pièce, *il n'est pas possible qu'elle soit de moi.*

Il ne faut jamais oublier que Georges et tout le parti royaliste proclamaient en principe que

---

[1] Dans sa défense, Georges se contente de dire qu'il s'est suffisamment justifié de l'affaire du 3 nivôse, et; par suite, qu'il n'a pas besoin d'en parler davantage.

Bonaparte et les bleus n'étaient que des rebelles. Tous les moyens qu'on employait contre eux étaient, par suite, justifiés par le crime qu'ils commettaient en attaquant les représentants du pouvoir légitime.

On sera moins surpris de ce que Georges et ses officiers tentèrent, quand on saura que dans leurs proclamations les chouans déclaraient rebelles ceux qui ne prenaient pas les armes à la première réquisition; ceux qui conservaient une infâme neutralité, etc.

Il y a neuf catégories qui contiennent presque tous les hommes qui ne se joignaient pas aux chouans.

Tous les individus compris dans ces neuf catégories étaient passibles des peines prononcées contre les rebelles, c'est-à-dire de la peine de mort et de la confiscation de leurs biens.

Les chouans n'appliquaient pas la peine de mort par des jugements et des exécutions ayant au moins l'apparence d'une justice régulière. Presque toujours les décisions prises par leurs chefs étaient exécutées par des expéditions secrètes dans lesquelles on surprenait sans défense et on tuait ceux contre lesquels elles étaient prises; dans le plus grand nombre de cas c'étaient, il faut bien le dire, de véritables assassinats.

S'il y avait un homme qui devait encourir la peine prononcée contre les rebelles, c'était bien certainement le plus redoutable d'entre eux, le général Bonaparte qui, en organisant le mouvement révolutionnaire, en assurait le triomphe.

En envoyant Limoëlan et Saint-Réjant pour frapper le Premier consul, Georges ne faisait donc qu'employer contre lui les moyens que l'on mettait tous les jours en pratique en Bretagne et en Normandie.

Georges est un chef de partisans d'une remarquable énergie. C'est, à de certains points de vue, le type du paysan breton; plus de force encore que de finesse, quoiqu'il n'en manque pas. Son portrait est très-remarquable à cet endroit. Ce qui prédomine en lui, c'est la force; il a l'encolure d'un taureau. Chez lui, la persévérance va jusqu'à une extrême opiniâtreté.

Rien ne l'arrête dans la lutte qu'il a entreprise contre la république. Croire que Georges, ne disposant que de forces si minimes, se fît complétement illusion sur les chances de succès qu'une levée de boucliers pouvait avoir, c'est méconnaître son bon sens.

Georges savait ce qu'il tentait, et par suite acceptait les nécessités de l'entreprise désespérée dans laquelle il était engagé. Sa lettre du 26 nivôse, an IX, au comte de la Chaussée, ne permet aucun doute à cet égard. Elle a une importance d'autant plus grande qu'à cette époque Joyau et même probablement Limoëlan avaient dû le rejoindre et lui faire connaître verbalement tous les détails de l'affaire de la machine infernale.

Georges qui n'est rien moins qu'emphatique, en disant : «Nous sommes ici à chaque minute exposés aux poignards des assassins, » ce qui est si peu dans sa nature, voulait se justifier à ses propres yeux de ce qui avait été fait à Paris.

Pour que les moyens employés contre le Premier consul ne fussent que des représailles, il fallait que Georges pût se plaindre qu'on eût recours contre lui à de semblables moyens.

Ce qu'il avait à redouter, Georges le savait bien, c'était d'être tué dans une rencontre, d'être arrêté par surprise ou par trahison, et fusillé dans les vingt-quatre heures. S'il n'avait pas eu à se justifier d'actes d'une nature exception-nelle, il se serait contenté de le dire simple-ment. Tout le reste de sa lettre est là pour le prouver. L'allusion faite aux poignards qui peu-vent l'atteindre à tout instant n'a qu'un but : justifier ce qu'on a vainement tenté contre le Premier consul.

Plus on étudie toutes les pièces de l'affaire du 3 nivôse, plus on arrive à la croyance qu'il est impossible que Georges n'ait pas connu le moyen terrible auquel Saint-Réjant eut recours.

La discussion à la suite de laquelle Coster Saint-Victor et Roger refusèrent d'adopter le plan proposé par Saint-Réjant doit être des pre-miers jours de frimaire.

Coster Saint-Victor resta à Paris, mais Roger revint en Bretagne et dut rendre compte à Geor-ges des motifs pour lesquels il avait quitté Paris sans avoir accompli la mission dont il était chargé ainsi que ses camarades. Son excuse consistait dans les moyens proposés par Saint-Réjant, moyens auxquels il avait refusé de coopérer. Georges devait donc savoir quel était le plan que Saint-Réjant comptait mettre à exécution.

Roger était tellement inquiet des conséquences que pouvait avoir pour lui la part qu'il avait prise au complot qui se traduisit par la machine infernale, que non-seulement il écrivit, le 25 frimaire, au préfet d'Ille-et-Vilaine pour lui demander la permission de revenir à Rennes, mais qu'il fit établir un acte de notoriété publique pour constater qu'il n'avait pas quitté la Bretagne à cette époque.

Dans sa lettre au préfet, il prétendait avoir été malade et reconnaissait s'être caché parce qu'il craignait d'être arrêté.

Dès le 20 frimaire, Roger avait fait faire près du préfet d'Ille-et-Vilaine des démarches pour obtenir qu'on ne prît pas contre lui des mesures de rigueur pour l'absence qu'il venait de faire. C'est ce que prouve une dépêche du préfet au ministre de la police du 21 frimaire. Dans cette lettre, le préfet dit formellement que Roger, pour lequel il est très-bienveillant, avait dû aller voir Georges.

Roger dut alors faire connaître à Georges les engagements pris par Saint-Réjant; c'est ce qui explique le singulier commencement du billet signé Gédéon :

« ... Hélas! les quinze jours sont passés, les événements s'avancent d'une manière effrayante. Si les malheurs continuent, je ne sais ce que nous deviendrons tous. En toi seul est notre confiance et toute notre espérance...

« *P.-S.* — Nous attendons, à tous les courriers, de tes nouvelles. »

Georges faisait sans doute allusion à l'engagement que Saint-Réjant avait dû prendre dans la délibération où il fit adopter son projet, contre l'avis de Coster Saint-Victor et de Roger, qui refusèrent de prendre part à son exécution.

Dans la déposition d'un frère de Roger, on voit qu'il reçut, ainsi que Saint-Victor, dix louis que Limoëlan donna à chacun d'eux pour qu'ils quittassent Paris.

Les aveux de Carbon sont en parfaite concordance avec ce qu'on vient de lire.

Dans ses interrogatoires, Carbon déclara que Joyau et Saint-Hilaire voyaient Limoëlan et Saint-Réjant; que leurs conversations étaient mystérieuses. — Un jour, j'entendis de la pièce où je me tenais qu'ils s'entretenaient de Georges, général des chouans, et qu'ils en attendaient des nouvelles sous peu.

D. — Savez-vous de qui ils recevaient des fonds?

R. — Non, monsieur; mais ils ne peuvent en recevoir que de Georges.

D. — Savez-vous où est actuellement Georges ?

R. — Je l'ignore; je sais qu'il était passé en Angleterre, et il y a lieu de croire qu'il est de retour, puisque ces messieurs attendaient de ses nouvelles à Paris.

Le 7 germinal, an IX, Carbon demanda à faire des révélations. Le secrétaire général de la préfecture, M. Piis, les reçut. Carbon dit qu'il est persuadé que c'est Georges, ci-devant général en chef de l'armée catholique et royale de Vannes, qui a fourni à Limoëlan et à Saint-

Réjant, dit Soyer, dit Pierrot, l'argent qu'ils ont dépensé, tant pour se rendre à Paris que pendant le séjour qu'ils y ont fait jusqu'au mois de nivôse dernier; qu'il est également persuadé de la manière la plus forte que c'est le général Georges, dont le premier était major général, et le second, chef de division, qui les a envoyés à Paris pour assassiner le Premier consul, afin de faire changer la face des affaires; mais qu'il ne pourrait rien affirmer à cet égard, n'en ayant jamais eu la preuve[1].

La chouannerie, en Bretagne, dans le Maine et en Normandie, n'a pas eu le caractère chevaleresque que quelques personnes essayent de lui donner; c'était tout simplement la guerre civile, et la guerre de partisans, avec ses haines implacables et tous ses excès de part et d'autre.

Bien des fois, plus de trente ans après cette triste époque, causant de ces événements avec des personnes qui y avaient pris part, j'ai pu voir percer des sentiments qui permettaient d'apprécier combien devaient être violentes les pas-

[1] Pièces justificatives, n° 4 *bis*.

sions qui existaient alors dans les familles entre lesquelles il y avait du sang. A l'irritation que de simples souvenirs faisaient naître, il était facile de comprendre tous les crimes qui furent commis pendant le temps que la chouannerie dura.

Les républicains fusillaient, guillotinaient, brûlaient, pillaient, saccageaient, dévastaient, tiraient sur ceux qui fuyaient à leur approche, hommes ou femmes.

Les chouans fusillaient, assassinaient au coin d'une haie, brûlaient, pillaient, volaient les diligences.

Des bandits, appartenant aux deux partis, torturaient les malheureux à qui ils croyaient de l'argent. Pour leur arracher ce qu'ils cachaient, ils leur faisaient subir les cruautés les plus épouvantables. Souvent ils leur brûlaient lentement la plante des pieds, ou les faisaient s'asseoir sur une plaque de fer rougie au feu.

Les plus impitoyables parmi les républicains furent les représentants du peuple en mission ; les généraux improvisés, tels que les Rossignol, les Ronsin, etc.; les jacobins et autres démagogues des clubs, venus de Paris ou appartenant aux pays de guerre civile ; en un mot, les révolutionnaires de toute nature.

Les plus féroces parmi les chouans furent les hommes endurcis par la guerre civile, et les chefs exaspérés ou corrompus par une vie d'aventures et de dangers. Bon nombre d'entre eux avaient vu les têtes de leurs pères et de leurs mères tomber sur l'échafaud, leurs biens dévastés par le fer et par le feu.

Les généraux appartenant réellement à l'armée, les Marceau, les Kléber, les Aubert du Bayet, les Hoche, les Hédouville, et un grand nombre d'officiers et de soldats provenant surtout des soi-disant volontaires, placés de gré ou de force sous les drapeaux de la république par les réquisitions, firent la guerre civile avec humanité, au péril même de leur vie ; car l'humanité alors était un crime.

Parmi les chouans, quelques hommes de cœur, comme il s'en trouve dans tous les partis, résistèrent courageusement à l'action délétère de la guerre civile et de la vie de partisans. Ils eurent le courage de rester purs de tous excès dans des conditions où il était bien difficile de

n'en pas commettre, car la crainte qu'ils inspiraient était leur sauvegarde la plus certaine
contre les dangers continus auxquels ils étaient
exposés.

Au moment de l'attentat du 3 nivôse, Fouché
paraît avoir une grande confiance en M. de Bourmont; c'est un des hommes auxquels il s'adresse
pour tâcher de découvrir les véritables coupables.

« M. de Bourmont, dit Coster Saint-Victor,
promit au ministre de faire des recherches pour
connaître les auteurs de l'attentat. » En réalité,
il fit prévenir indirectement les hommes soupçonnés par Fouché que le ministre allait les
faire arrêter.

Quand M. de Bourmont avertissait les anciens
chefs de chouans que le ministre suspectait, con-
naissait-il les véritables auteurs de la machine
infernale? C'est une question qu'il n'est pas,
je crois, possible de résoudre avec une certitude
absolue; car, si au commencement M. de Bourmont pouvait ignorer d'où partait le coup dirigé
contre le Premier consul, il est certain que, quelques jours avant son arrestation, il savait par-

faitement quels étaient les véritables coupables.

C'est, en effet, de personnes en rapport direct avec lui que Fouché paraît avoir appris, le 26, que les complices de Carbon étaient Saint-Réjant, Limoëlan, Joyau et Saint-Hilaire.

La note que Desmarets envoya à Dubois, par ordonnance, tant elle était pressée, ne laisse aucune incertitude à cet égard. A partir de ce moment, les mesures d'exécution contre le parti royaliste se succédèrent sans relâche.

Le 26 au soir, Dubois reçut l'ordre de faire arrêter, comme prévenus de complicité avec les ennemis de l'État : Bourmont, Brulard, que l'on croyait caché chez lui, ainsi que toutes les personnes suspectes qui pourraient se trouver dans sa maison, rue des Petites-Écuries, n° 48.

« Je vous charge, citoyen préfet, de faire amener devant vous les citoyens Bourmont et Brulard, prévenus de complicité avec les ennemis de l'État.

« Bourmont loge rue des Petites-Écuries, n° 48, faubourg Saint-Denis, et Brulard, ancien chef de chouans à Caen, est caché chez lui.

« Vous donnerez les ordres les plus précis pour que la maison soit bien observée, cernée, et que la perquisition s'y fasse, de tous papiers, armes, ainsi que des autres individus qui y seraient cachés et non en règle.

« Ci-joint le signalement de Brulard.

« Le ministre de la police,

« Fouché. »

Le 27 au matin, cet ordre fut exécuté. MM. de Bourmont et de Vezins, son beau-frère, furent arrêtés avec tous les domestiques de la maison.

Par suite de motifs tout à fait exceptionnels, Fouché, qui avait abandonné à Dubois l'instruction de l'affaire du 3 nivôse, se réserva tout ce qui touchait à M. de Bourmont.

C'est au ministère de la police qu'il le fit conduire, après son arrestation; ce fut Fouché lui-même qui l'interrogea.

Le 27, il écrivit encore à Dubois pour réclamer les papiers saisis chez Bourmont, *dont le juge de paix attaché à son ministère,* dit-il, *fera le dépouillement;* en un mot, il traita *personnellement* tout ce qui concernait Bourmont.

On dirait que Fouché craignait que Bourmont ne fît connaître quelques-unes de ces imprudences de paroles auxquelles l'ex-conventionnel se laissait si souvent aller, ou de ces intrigues avec tous les partis, dont on trouve trace à toutes les époques de sa vie.

On a vu plus haut que, le 23 et le 25 nivôse, Fouché crut avoir acquis la certitude que les royalistes étaient les auteurs de l'attentat du 3 nivôse.

Le 26, la note de Desmarets, envoyée par ordonnance, prouve qu'il ne doute plus de leur culpabilité. A partir de ce moment, les poursuites furent dirigées contre eux avec une activité et une rigueur extrêmes. L'arrestation de tous les chefs de chouans amnistiés qui se trouvaient à Paris fut décidée.

Le 27, un des chefs de service de la préfecture de police fit passer à Dubois, sur un chiffon de papier, une note dans laquelle il lui annonçait que le nommé Deunel, ancien chouan, compromis dans les affaires de pillage de diligences, venait d'être arrêté sur le boulevard de la Madeleine, armé d'un pistolet à deux coups chargé, et qu'on avait trouvé sur lui de la poudre et des balles.

Dubois, au bas de cette note, écrivit : « Bien, très-bien, le travail de l'autre jour pour les chouans servira cette nuit. Avertir tous les commissaires de police et tous les officiers de paix pour demain, cinq heures du matin. Les mandats sont tous prêts ; le Temple les attend.

« DUBOIS. »

Le même jour, Desmarets écrivait par l'ordre de Fouché :

« Tous les agents d'exécution du ministère se rendront demain matin, 28, à cinq heures précises, à la préfecture, au bureau du citoyen Bertrand, qui leur donnera les ordres qu'ils sont chargés d'exécuter.

« DESMARETS. »

Les 28, 29 et 30 nivôse, plus de quatre-vingts royalistes ou anciens chefs de chouans furent arrêtés. On voit, par une dépêche adressée au commandant de la place le 29, que trois cents hommes d'infanterie et vingt-cinq hommes de cavalerie durent se trouver, le 30 nivôse, à quatre heures et demie du matin, à la préfec-. ture de police, pour prêter main-forte aux agents de Dubois.

Les hommes arrêtés furent conduits au Temple, et les femmes envoyées aux Madelonnettes. On saisit en même temps des correspondances très-volumineuses; pour certaines personnes, les procès-verbaux constatent qu'il y avait une serviette pleine de lettres.

Des arrestations aussi multipliées, opérées parmi des personnes appartenant aux classes élevées de la société, devaient soulever des réclamations; elles furent vives et nombreuses.

Le Premier consul dut adresser des reproches très-sévères à Fouché, car, le 8 pluviôse, ce ministre écrivit à Dubois :

« On se plaint, citoyen préfet, de plusieurs arrestations qui ne paraissent pas assez motivées.

« Je vous charge de faire dresser le tableau des personnes arrêtées depuis l'attentat du 3 nivôse, et de me donner les motifs de chaque ar-

restation, affin (*sic*) que je puisse faire un rapport général au Premier consul, et statuer
définitivement sur le sort des détenus.

« Je vous salue.

« Fouché. »

A l'écriture saccadée de cette lettre, au soin
que Fouché prend de bâtonner le bout des lignes
pour qu'on ne puisse pas y intercaler une seule
lettre, on voit que Fouché est ému et de très-
mauvaise humeur. Le Premier consul avait dû
lui reprocher un excès de rigueur, qui n'était
pas justifié, à l'égard d'un certain nombre de
prisonniers ; aussi, on commença de suite à
mettre en liberté provisoire quelques-unes des
personnes arrêtées.

On exigea seulement d'elles l'engagement de
ne pas changer de domicile sans prévenir le
préfet de police.

Fouché, en s'adressant à Bourmont pour avoir
des renseignements sur plusieurs chefs de
chouans qu'il soupçonnait, ne paraît pas avoir
été bien inspiré ; car ces messieurs furent prévenus que le ministre allait les faire arrêter et

se cachèrent. Aussi, le 28 nivôse, quand les agents se présentèrent à l'hôtel où demeurait Coster Saint-Victor, ils ne trouvèrent dans sa chambre que quelques effets d'habillement. Le lit n'était pas défait. Le portier leur dit que, la veille, Coster Saint-Victor était sorti avec un paquet assez volumineux et n'était pas rentré coucher.

Chateauneuf, dit Achille Le Blond, avait également quitté l'hôtel où il habitait. On sut seulement qu'il était à Paris, car on l'avait vu passer en voiture.

La disparition de Chateauneuf était très-regrettable, car Carbon lui avait servi longtemps de domestique, et par suite il pouvait donner des renseignements de la plus haute importance.

Saint-Réjant lui-même fut probablement prévenu, car on le voit changer de logement avant même d'avoir reçu l'avis que Coster Saint-Victor vint lui donner dans la soirée du 28.

Toutes les mesures de la police, quand on voulut les mettre à exécution étaient donc connues par ceux qu'elles concernaient.

D'après la déposition de Coster Saint-Victor,

M. de Bourmont lui fit connaître le danger qui menaçait plusieurs des anciens chefs de chouans; ce qui leur permit de se cacher et d'échapper à la police.

Quant à Bourmont, par suite de la confiance qu'il croyait que Fouché avait en lui, il ne s'était pas caché. Les rapports entre le ministre de la police et l'ancien chef de chouans paraissent très-suivis, car non-seulement on voit, par la déposition de Coster Saint-Victor, que Bourmont avait promis à Fouché de faire des recherches pour découvrir les auteurs de la machine infernale, mais l'avocat de Coster Saint-Victor va plus loin; il dit que Bourmont avait reçu et promis de faire exécuter des mandats décernés contre les chefs de chouans soupçonnés.

D'un autre côté, dans sa lettre au comte de la Chaussée, on voit que Georges est loin d'avoir une grande confiance en Bourmont, qui, tout en protestant de son dévouement à la cause royaliste, était en rapports très-suivis avec Fouché.

La conduite de Bourmont dans cette circonstance est d'autant plus grave qu'il connaissait personnellement Carbon. Ce dernier avait fait partie des bandes sous ses ordres, et, plus tard, comme domestique de Chateauneuf, avait eu plusieurs fois contact avec lui.

Fouché, joué de la manière la plus complète par Bourmont, en conçut une profonde irritation. Quand il le fit arrêter, il le crut, ou essaya de le faire croire, complice de l'attentat du 3 nivôse.

Le passage suivant du rapport du 11 pluviôse prouve combien l'amour-propre du ministre de la police fut cruellement froissé par le sentiment qu'il avait été la dupe de Bourmont. On y reconnaîtra également le pathos démagogique de l'ex-proconsul de Lyon.

« Les ténèbres où ils se dérobaient auraient pu être dissipées par certains amnistiés qui *communiquaient tous les jours avec la police et avec les conspirateurs ;* mais ces hommes épaississaient les ténèbres. »

Tous les domestiques de Bourmont subirent des interrogatoires minutieux, et furent confrontés avec la femme Leguilloux, Antoinette Jourdan et les deux filles Vallon, pour savoir s'il y avait eu quelques rapports entre leur maître et Limoëlan ou Saint-Réjant.

Un seul d'entre eux, Souchet ou Fouchet, qui avait été au service de Chateauneuf et de Bourmont, fut reconnu par les filles Vallon pour avoir eu des rapports suivis et des conversations secrètes avec leur oncle.

Carbon, interrogé à son tour, répondit de la manière suivante :

D. — Connaissez-vous Bourmont, ci-devant chef de chouans?

R. — Oui, monsieur.

D. — Alliez-vous souvent le voir?

R. — J'y allais rarement; quelquefois j'allais lui porter des lettres de M. de Chateauneuf.

D. — Ne serait-il pas de votre complot de la rue Saint-Nicaise?

R. — Non, monsieur; celui-là est, au contraire, très-porté pour le Premier consul; il a beaucoup d'estime pour lui.

Fouché ne paraît pas avoir trouvé de preuves de la complicité de Bourmont dans l'affaire de la machine infernale, mais il acquit la certitude que M. de Bourmont, après s'être engagé à le seconder dans les recherches qu'il dirigeait contre les auteurs de l'attentat, avait fait prévenir les personnes compromises dans cette affaire que le ministre allait les faire arrêter; que M. de Bourmont avait des entrevues secrètes avec les anciens chefs de chouans; qu'il était mêlé à toutes les menées du parti; qu'il avait promis de reprendre les armes si le général Bonaparte cessait d'être à la tête du gouvernement; qu'enfin M. de Bourmont était en rapports suivis avec plusieurs des personnes le plus gravement compromises dans les affaires de pillage de diligences et dans l'enlèvement du sénateur Clément de Ris.

Ce fut pour tous ces motifs que M. de Bourmont fut détenu dans la citadelle de Besançon. Il y resta prisonnier jusqu'au moment où il s'en échappa dans la nuit du 14 au 15 thermidor, an XII.

Dès le 9 thermidor, le Premier consul écrivait de Boulogne à Fouché qu'il croyait que Bourmont avait des moyens de s'échapper de la citadelle de Besançon quand il le voudrait.

A la suite de son évasion de Besançon, le séquestre fut mis sur les biens de M. de Bourmont qui finit par obtenir la permission de quitter la France, et se rendit à Lisbonne, où Junot le trouva.

Sept condamnations à mort furent prononcées à la suite de l'attentat du 3 nivôse. Saint-Réjant et Carbon furent exécutés. Limoëlan, Saint-Hilaire, Joyau, Bourgeois et Coster Saint-Victor, étaient parvenus à se soustraire à l'action de la justice et furent condamnés par contumace.

Aucun doute ne peut être élevé sur la culpabilité des trois premiers. Limoëlan est, avec Saint-Réjant, l'homme qui organisa et dirigea tout ce qui devait servir à commettre l'attentat. C'est lui qui solda les dépenses de toute nature qu'exigèrent les préparatifs du crime.

Quelques minutes après l'explosion de la machine infernale, on le trouve au chevet du lit de Saint-Réjant.

Saint-Hilaire et Joyau avaient servi à transporter de la poudre. Avant et après l'attentat, ils furent en rapports suivis avec Saint-Réjant et avec Limoëlan.

Bourgeois, quoique moins activement mêlé à toute cette affaire, paraît également complice de ce crime. Comme Carbon, ce n'est qu'un agent subalterne.

Quant à Coster Saint-Victor, on ne trouve dans tous les rapports aucune trace de sa participation directe à l'attentat. Ce n'est que le 28 nivôse au soir que l'instruction constate ses relations avec Saint-Réjant. Il vint le prévenir de l'arrestation de Carbon. Comme Bourmont avait été arrêté le 27, tous les anciens chefs de chouans se sentaient menacés. A ce moment même ceux qui avaient été étrangers à l'attentat devaient en connaître les véritables auteurs. Il est par suite très-possible que Coster Saint-Victor, quoique n'y ayant pas pris part, ait jugé devoir prévenir Saint-Réjant. Il devait le savoir coupable ou au moins très-gravement compromis dans cette affaire. Je crois donc qu'à l'égard de la culpabilité de Coster Saint-Victor il peut y avoir quelques doutes, quoique sa participation à la tentative de Georges en 1804 permette de penser qu'il était complice de l'attentat du 3 nivôse.

La fille Jourdan et la femme Leguilloux,

des premiers jours de frimaire au 28 nivôse, donnent, presque heure par heure, les faits et gestes de Saint-Réjant, et font connaître tous ceux qui sont venus le voir. Elles ne parlent de Coster Saint-Victor que le 28 nivôse au soir, quand il vint pour prévenir Saint-Réjant qu'il allait être arrêté. Cependant Dubois ne met pas en doute que Coster Saint-Victor ne soit complice de l'attentat du 3 nivôse.

Il existe une preuve trop curieuse de l'opinion personnelle du préfet de police, pour ne pas la donner.

Dubois est toujours, comme on le sait, très-économe de papier.

Sur un petit carré de papier grand comme la main, il y a d'un côté une invitation à dîner qui lui est adressée, le 15 pluviôse, an XII, par M. et madame de G...; sur l'autre côté, de la main de Dubois, on lit : « Jean Merel, porteur d'un poignard et se rendant à deux heures du matin, à la maison, rue du Bac, où Picot et la Grimaudière ont été arrêtés;

« Michelot, arrêté un peu après, apportant du linge à la marque de plusieurs individus signalés, notamment de Charles d'Hozier;

« Roger, dit l'Oiseau, chef de chouans; Coster, dit Saint-Victor, l'intime de Saint-Réjant et *son complice au 3 nivôse*, rue Saintonge, au Marais, n° 49. »

Au-dessus, Bertrand, à qui ce billet était envoyé, ajoute à l'encre rouge : « 18 pluviôse. »

La cause de cette contradiction apparente entre l'opinion de Dubois et les dépositions des témoins paraît venir de ce que Coster Saint-Victor, qui avait dû arriver, ainsi que Roger, avec les autres officiers de Georges, pour attenter à la vie du Premier consul, avait regardé le moyen que Saint-Réjant fit adopter comme très-défectueux et n'offrant pas de chances suffisantes de succès. Dans une réunion où les conjurés discutèrent les moyens d'exécuter la mission que Georges leur avait donnée, il paraît qu'il y eut des altercations très-vives entre Saint-Réjant et Limoëlan d'un côté, Coster Saint-Victor et Roger de l'autre.

Ces deux derniers auraient proposé de frapper le Premier consul, soit avec des fusils à vent, soit avec une machine infernale, de l'invention de Roger, qui différait de celle de Saint-Réjant. Leur avis n'ayant pas été adopté, ils refusèrent de prendre part à l'attentat. Ils reçurent chacun dix louis pour retourner en Bretagne, et se séparèrent alors de Limoëlan et de Saint-Réjant. C'est ce qui explique pourquoi, des premiers jours de frimaire au 28 nivôse, on ne trouve pas trace de rapports entre eux et les auteurs de la machine infernale. Par suite, Coster Saint-Victor a pu nier avoir pris part à l'attentat du 3 nivôse ; car, on doit le dire, il l'a toujours nié, même à Londres.

Il en est de même de Roger. Sa présence à Paris au commencement du mois de frimaire paraît indubitable. . La lettre qu'il écrivit au préfet d'Ille-et-Vilaine, ainsi qu'on l'a vu plus haut, le 25 frimaire, an IX, pour obtenir de rentrer à Rennes, ne laisse aucune incertitude. Il prétendait avoir été malade et convenait s'être caché pendant quelque temps, parce qu'il craignait d'être arrêté. L'époque à laquelle il prétendait s'être caché coïncide avec le temps qu'il dut passer à Paris. Il tenait tellement à paraître n'y avoir pas été, qu'il fit dresser par un notaire un acte de notoriété publique constatant qu'il n'avait pas quitté la Bretagne. Le 2 nivôse, il dînait dans une maison tierce avec le préfet d'Ille-et-Vilaine et le général Tilly. On voit qu'il attachait le plus grand prix à bien prouver qu'il ne se trouvait pas à Paris à l'époque où il savait que devait s'exécuter l'attentat pour lequel Saint-Réjant, Limoëlan, Coster Saint-Victor, lui Roger et d'autres officiers de Georges, avaient été envoyés dans cette ville.

En réalité, Coster Saint-Victor et Roger paraissent avoir seulement pris part au complot contre la vie du Premier consul, mais être restés étrangers à l'attentat de la rue Saint-Nicaise proprement dit.

Avant de passer à ce qui concerne les républicains dans l'affaire du 3 nivôse, je dois donner deux pièces très-curieuses qui semblent annoncer qu'il existait *déjà en* 1800 des rapports entre les mécontents du parti républicain et les mécontents du parti royaliste, qui voulaient renverser le gouvernement consulaire. Ce qui se

passa en 1804 dans le complot auquel Moreau [1]
et Pichegru prirent part avec Georges, paraît
avoir déjà été tenté à l'époque de la machine
infernale.

Quoique je n'aie pu trouver de preuves certaines de ces rapports, j'en rencontre trop souvent des traces sous le Directoire et sous le Consulat, pour pouvoir douter de leur existence. La
première des deux pièces, que l'on va lire est
une lettre de Santerre, qui craignait d'être arrêté à cause de l'attentat du 3 nivôse. La se-
conde contient les révélations que Carbon fit
quelques heures avant son exécution.

SANTERRE, GÉNÉRAL DIVISIONNAIRE, AU CITOYEN
DUBOIS, PRÉFET DE POLICE.

14 nivôse, an IX.

« Citoyen préfet,

« Plusieurs personnes me disent que je dois
être arrêté; ce n'est sûrement pas d'après les
désirs des ennemis de la république (*sic*) que
cet ordre pourrait se lâcher; ce ne pourrait être
que parce que l'on vous surprendrait.

« J'ai l'honneur de vous prévenir que je suis convaincu que le Premier consul est assuré de mon attachement à sa personne, que le ministre Berthier, mon intime ami, en est assuré; que jamais mes principes n'ont cadré avec ceux des assassins.

« J'ai l'honneur d'être votre concitoyen,

« SANTERRE. »

(Enclos du Temple.)

Voici maintenant les déclarations de Carbon :

PRÉFECTURE DE POLICE.

Paris, le 1er floréal, an IX.

« Nous, secrétaire général de la préfecture de police, en exécution de l'ordre que nous en avons reçu du préfet de police, nous nous sommes rendu à la maison de justice à l'effet d'entendre dans ses révélations le nommé François Jean, dit *Carbon*, condamné à la peine capitale et qui est maintenant déposé en ladite maison pour l'exécution de son jugement, qui aura lieu ce jour-d'hui; où étant, nous avons fait comparaître par devant nous ledit *François*, qui a dit que, plusieurs jours avant l'événement du 3 nivôse, se rendant au rendez-vous que lui donnait chaque jour *Limoëlan*, il vit trois fois avec ce dernier l'ex-général *Santerre*, avec lequel il s'entretenait et avec lequel il paraissait très-bien; que ces rendez-vous étaient dans la rue Poissonnière, au coin du boulevard de ce nom; que la conversation avait lieu dans la rue même; que Santerre est de la taille de 5 pieds 5 pouces, ayant les cheveux bruns, autant qu'il pouvait le remarquer, attendu qu'il était nuit; d'une grosse corpulence; lui ayant paru l'œil vif, ayant un habit de couleur marron; qu'il n'a jamais entendu leur conversation, attendu qu'aussitôt que Limoëlan avait donné les ordres à lui déclarant, il se retirait. Observe le déclarant que ces rendez-vous n'ont eu lieu que du moment que Limoëlan lui cacha son domicile.

« A lui demandé s'il n'a rien à ajouter à cette déclaration, s'il peut donner des renseignements sur les autres connaissances de Limoëlan; a répondu que, n'ayant été que pendant deux mois au service de Limoëlan, il n'a pas eu le temps

de les connaître ; que, d'ailleurs, Limoëlan le
faisait retirer aussitôt que quelqu'un se pré-
sentait.

« Lecture faite audit François de sa déclaration ci-dessus et de l'autre part, il a dit qu'elle
contient la vérité et a signé.

« FRANÇOIS-JEAN CARBON. »

Quelle est la valeur historique de ces deux
documents ? Je n'ose me prononcer.

Je ne sache pas que le gouvernement ait agi
contre Santerre. Le Premier consul, ayant atteint le but qu'il se proposait, détruire l'état-
major des révolutionnaires à Paris, fut-il indul-
gent à l'égard d'un homme qu'il ne croyait pas
dangereux et en faveur duquel durent inter-
céder plusieurs ministres ?

Et puis au moment où eurent lieu les rendez-
vous avec Santerre, Limoëlan, qui avait assez
peu de confiance en Carbon pour lui cacher
le logement qu'il habitait, put très-bien ne pas
vouloir lui faire connaître le nom de l'homme
qui servait à établir des rapports entre les révolutionnaires et les royalistes. Pour le dépister,

il put se contenter de lui donner le nom de Santerre, l'un des hommes les plus connus dans le monde démagogique.

Quant aux rapports entre les hommes violents des deux partis, quoique je ne puisse apprécier leur véritable importance, j'en trouve, je le répète, trop souvent trace pour que je puisse douter de leur existence. Sous le Directoire, des directeurs, Barras notamment, prennent part à ces intrigues. Quelques-uns des démagogues les plus compromis par leurs excès, Fouché lui-même, par exemple, paraissent avoir essayé de se rapprocher des Bourbons.

Les rapports entre Georges et des hommes appartenant au parti républicain violent sont attestés par Rohu, qui déclare que Georges aurait dit à Saint-Réjant, en l'envoyant à Paris :

« Je vous donnerai les moyens d'arriver jusqu'à la capitale; *et là, vous vous mettrez en relation avec les personnes que je vous indiquerai*, et avec lesquelles vous vous entendrez pour l'achat du nombre de chevaux, d'habits et d'armes, que je vous indiquerai et dont je viendrai me servir plus tard. »

Ces rapports sont confirmés par son neveu, M. de Cadoudal, qui dit textuellement : « Un fait, déjà connu de tous ceux qui ont étudié de près la vie de l'indomptable chef breton, c'est qu'il a toujours songé à transporter à Paris le foyer de l'insurrection royaliste, à y réunir des forces suffisantes pour attaquer militairement la garde consulaire, et que, *dans ce but, il n'a cessé d'entretenir des relations avec les hommes d'action que renfermait la capitale, et jusque dans les rangs de l'armée républicaine où il avait de nombreux affidés.* »

Le témoignage de M. de Cadoudal, qui paraît avoir réuni de nombreux documents concernant son oncle, pour lequel il professe l'admiration la plus passionnée, a une valeur incontestable quand il reconnaît l'exactitude de faits qui peuvent être reprochés à Georges.

De 1800 à 1804, les républicains violents n'é-taient pas plus en état de tenter avec succès une lutte à main armée contre le gouvernement con-sulaire que les royalistes. Ils savaient que, tant que le général Bonaparte serait à la tête de la

France, toute insurrection serait écrasée. Pour eux, il n'y avait de succès possible qu'à une condition, la mort du Premier consul. Aussi, dans tous leurs complots, et ils sont nombreux, le premier but qu'ils se proposaient était de frapper leur redoutable adversaire.

De ces faits découlent diverses conséquences :

Les royalistes, par leurs rapports avec les révolutionnaires, paraissent avoir reçu d'eux le plan de la machine infernale.

Les républicains violents, en donnant aux royalistes un moyen d'assassiner le Premier consul et en leur promettant leur concours dans ce but, s'étaient rendus jusqu'à un certain point complices de l'attentat de nivôse.

En présence des aveux que l'on vient de lire, il ne peut y avoir de doute que sur les noms des hommes qui prirent part à ce complot. Le gouvernement consulaire le soupçonnait, mais il ne put pas en avoir la preuve.

Fouché, ayant pu établir la culpabilité des royalistes, ne devait pas tenir à constater celle des républicains, pour lesquels il a toujours eu une extrême indulgence, et puis les rapports des royalistes avaient pu n'exister qu'avec quelques individus isolés, ce qui rendait presque impossible d'en trouver la preuve.

On a pu voir déjà que bien des faits relatifs à l'affaire du 5 nivôse n'ont jamais été éclaircis. La présence, par exemple, rue Saint-Nicaise, de la voiture de place, dont on ne put retrouver la trace ; le baril de poudre, apporté boulevard Saint-Denis par deux hommes, ce qui aurait dénoté l'intervention de complices qui n'ont pas été connus, etc., prouvent que bien des faits de la nature la plus grave sont restés pour la police des mystères impénétrables.

Je crois qu'il en a été de même des rapports entre les royalistes et les républicains violents. Ne pouvant pas les prouver, Fouché ne voulut pas les admettre, et se garda bien d'en faire mention. On eût pu douter de l'infaillibilité de la police, c'est-à-dire, de l'infaillibilité de Fouché !

Indépendamment des hommes qui furent condamnés à mort en l'an IX, il y eut plusieurs personnes qui, acquittées sur la question de complot, furent frappées de peines correctionnelles.

Madame de Gouyon de Beaufort, la mère Duquesne, M. et madame la Vicilleville, la sœur de Carbon, Leguilloux et sa femme, furent condamnés à trois mois de prison pour avoir logé des étrangers sans faire les déclarations exigées par la loi. M. Collin, officier de santé, fut également condamné pour n'avoir pas prévenu la police des soins qu'il avait donnés à Saint-Réjant. Mademoiselle de Cicé, mesdemoiselles de Gouyon de Beaufort et les filles Vallon furent acquittées.

Ainsi que nous l'avons déjà dit, les arrestations opérées dans le parti républicain à la suite de l'attentat de la rue Saint-Nicaise furent très-nombreuses, car, du 11 au 14 nivôse, le nombre des prisonniers détenus au Temple, à la Force et à Sainte-Pélagie, confrontés avec les personnes qui avaient vu les auteurs de la machine infernale, s'éleva à deux cent vingt-trois.

La liste des cent trente individus qui furent compris dans le sénatus-consulte du 15 nivôse fut établie sur des listes fournies par le ministre de la police, par le préfet de police et par le

Premier consul. Ce travail fut préparé à la préfecture de police par MM. Limodin, Baure et Piis, secrétaire général, puis soumis à un conseil, composé des consuls et des ministres.

La formule adoptée à l'égard des déportés mérite d'être rappelée, car elle prouve l'habileté des légistes, qui ont pris une si grande part à la révolution française, les Merlin, les Cambacérès, etc. « *Seront mis en surveillance spéciale hors du territoire européen de la république.* »

Il est réellement impossible de libeller plus bénignement une mesure aussi rigoureuse.

Quand la liste du 15 nivôse fut établie, on n'avait encore que des soupçons très-vagues sur les véritables auteurs du crime. Ce n'est guère que vers le 26 nivôse que les soupçons prirent un caractère de gravité réelle contre les royalistes; ce ne fut même que dans la nuit du 28 au 29 qu'on acquit la certitude de leur culpabilité.

Une correspondance aigre-douce, échangée entre Fouché et Dubois, réclamant, chacun pour ses agents, c'est-à-dire pour lui-même, le mérite de la découverte des véritables coupables ne permet aucun doute. Ces lettres de Fouché et de Dubois sont des 26 et 27 pluviôse, an IX, et portent notamment sur une somme de 12,000 francs, que Dubois réclame en faveur de ses agents, comme ayant découvert Carbon. Fouché répond, ce qui est exact, que les premières indications sérieuses sont contenues dans sa lettre du 23 nivôse.

LE MINISTRE DE LA POLICE GÉNÉRALE DE LA RÉPUBLIQUE AU PRÉFET DE POLICE.

Paris, le 26 pluviôse, an IX.

« Par votre lettre de ce jour, vous m'invitez à vous faire passer, citoyen préfet, la somme de 12,000 francs que j'ai promise à ceux qui feraient saisir un des coupables de l'attentat du 3 nivôse.

« Vous destinez cette somme à être répartie en gratification à ceux de vos employés qui ont découvert et saisi le petit François. Je vous observe que les indications les plus précises, les seules qui aient conduit vos agents au domicile du petit François, vous ont été transmises par une lettre du 23 nivôse. Ainsi, ce n'est point à titre de récompense pour la découverte du petit François que la somme peut être due à vos agents.

« Cependant, j'apprécie le zèle, l'intelligence et les soins actifs que vos bureaux et vos agents d'exécution ont mis à conduire dans tous ses détails cette importante affaire, et j'approuve que vous leur fassiez la répartition de la somme de 12,000 francs, que vous enverrez prendre à ma caisse le 1ᵉʳ ventôse prochain.

« *Le ministre de la police générale,*

« Fouché. »

LE PRÉFET DE POLICE AU MINISTRE DE LA POLICE GÉNÉRALE.

Paris, 27 pluviôse, an IX.

« Citoyen ministre,

« J'ai reçu votre lettre en date du 26 de ce mois, par laquelle vous m'autorisez à recevoir à votre caisse, le 1ᵉʳ ventôse prochain, une somme de 12,000 francs, pour être répartie entre les employés de mes bureaux et les agents d'exécution de la préfecture de police qui ont fait des travaux extraordinaires à la suite de l'affaire du 3 nivôse.

« Je vous prie d'agréer mes remercîments et les leurs.

« Je vous observe, citoyen ministre, que votre lettre porte que les indications les plus précises, les seules qui aient conduit mes agents au domicile du petit François, m'ont été transmises par votre missive du 23 nivôse dernier; ces indications me donnaient la demeure de la sœur de cet individu, rue du Faubourg et porte Martin, où elle était inconnue. Cette lettre ne parlait que du nom de Carbon; et cette femme, mariée depuis très-longtemps, n'était connue que sous celui de Vallon, nom de son mari.

« Enfin, ce n'est pas chez le citoyen Chevalier qu'elle a été trouvée, et c'est par erreur que je l'ai dit dans mon rapport, parce que j'avais alors votre lettre sous les yeux, mais le fait est que ce n'est qu'à force de soins et de recherches que mes agents l'ont eux-mêmes découverte, rue *Martin* près *celle Gréneta*, n°˚310 et 311, *à un sixième étage;* et quand on eut cette femme et ses enfants, on était loin de savoir le lieu de retraite du petit François, *sans lequel on n'eût pas connu les auteurs et complices de cet affreux attentat.*

« Salut et fraternité.

« Dubois. »

L'exécution du sénatus-consulte du 15 nivôse se fit avec le plus grand secret.

Le 19, Fouché, par une lettre portant « au citoyen Dubois, préfet de police, *pour lui seul,* » donne l'ordre de réunir à Bicêtre et de faire partir quarante et un prisonniers, pris parmi les plus dangereux.

AU PRÉFET DE POLICE.

(*A lui seul, et très pressée.*)

19 nivôse, an IX.

« Vous vous occuperez, citoyen préfet, des moyens de vous procurer, pendant la journée de demain, un nombre suffisant de voitures couvertes pour pouvoir conduire à Orléans les individus qui doivent être déportés. Vous me préviendrez du moment où elles seront à votre disposition, pour que je vous fasse passer de nouveaux ordres. Je crois que l'administration des messageries vous fournirait facilement ces moyens de transport.

« Je vous salue.

« Fouché. »

Cet ordre ne put être exécuté, le détachement du 24ᵉ de chasseurs à cheval, qui devait servir d'escorte, et les chevaux des diligences, par suite d'un malentendu, ne s'étant pas rendus à Bicêtre. Le départ de ce convoi n'eut lieu que le 22 nivôse. Le nombre des déportés dont il se composait fut réduit à quarante, par suite de l'état de maladie grave de l'un de ceux qui devaient en faire partie.

Fouché fut très-mécontent de ce retard. Le 21 nivôse, il écrivit à Dubois :

AU PRÉFET DE POLICE.

(Pour lui seul, pressée.)

« Je ne sais par quel motif, citoyen préfet,

les déportés ne sont pas partis aujourd'hui pour leur destination. Il paraît que les chevaux des diligences n'ont pas été envoyés à Bicêtre, et que le capitaine de gendarmerie, qui avait la feuille de route et les fonds nécessaires, n'a point trouvé à ce lieu de détention le détachement du 24ᵉ de chasseurs qui devait accompagner les prisonniers à Orléans.

« Je vous invite à vous concerter de suite avec le général Mortier et l'inspecteur de la gendarmerie, pour que demain matin le départ des déportés ne puisse plus être retardé.

« Le ministre de la police,

« Fouché. »

Cette lettre est en entier de la main de Fouché. A son écriture saccadée, inégale, on voit qu'il est de très-mauvaise humeur. Tous les blancs du bout des lignes sont bâtonnés, afin qu'on ne puisse pas y ajouter une seule lettre. Elle ne contient aucune formule de salutation.

Le 21 nivôse, an IX, Fouché écrivait encore :

AU PRÉFET DE POLICE.
(*A lui seul.*)

« Vous ferez partir demain matin Choudieu, Talot, Félix Lepelletier, Charles de Hesse et Destrem par la messagerie pour Saintes.

« Je donne l'ordre à l'inspecteur général de la gendarmerie de les faire escorter, et je charge le préfet de la Charente-Inférieure de les faire retenir aux îles de Ré ou d'Oléron, jusqu'à ce qu'il ait été statué sur le lieu définitif où ils seront placés en surveillance.

« Je vous salue.

« FOUCHÉ. »

Le départ du premier convoi eut lieu le 22 nivôse, à sept heures du matin. Celui de Talot et autres, le 23 au matin seulement.

Ce convoi, composé de Félix Lepelletier, Charles de Hesse, Destrem et Talot, partit pour Saintes, dans une diligence, sous la conduite d'un officier et de six hommes appartenant à la gendarmerie.

Le prince Charles de Hesse fut atteint en

route d'une attaque d'apoplexie, à dix lieues de Saintes.

Fouché obtint que ces prisonniers ne fussent envoyés qu'à Oléron. Destrem y mourut. Les autres furent mis plus tard en liberté.

Choudieu ne fut pas arrêté, soit par suite de tolérance de Fouché, soit parce qu'on ne parvint pas à le découvrir. Il protesta contre toute participation à l'attentat, et demanda un passeport pour la Hollande, afin de passer aux colonies ou en Amérique.

Les autres déportés partirent en divers convois, du 26 nivôse au 30 germinal, an IX. Les convois varient de cinq à trente-deux prisonniers. Quatorze déportés ne partirent que le 9 thermidor, an X. On trouve encore, le 15 thermidor, an XI, une lettre du grand juge Régnier, ordonnant de transférer Fournier l'Américain et deux autres déportés au fort de Joux.

Le 4 prairial, an X, voici quelle était la position des cent trente hommes dénommés dans le sénatus-consulte du 15 nivôse :

Quatre-vingt-trois avaient été réellement déportés; neuf étaient encore détenus dans les prisons de Paris.

Trente-six n'avaient pas été arrêtés ; deux avaient été mis en liberté.

Indépendamment des déportés compris dans le sénatus-consulte, il y eut un nombre assez considérable de républicains violents expulsés de Paris et mis en surveillance dans les communes où ils étaient nés.

En rendant le parti révolutionnaire responsable de l'attentat du 3 nivôse, le Premier consul avait des motifs très-sérieux, il défendait sa vie contre des hommes qui chaque jour parlaient de le frapper. Si un grand nombre ne formulaient que de vaines menaces, il en était quelques-uns dont les actes étaient un danger réel. Car ce sont bien les hommes de ce parti qui ont inventé la machine infernale. S'ils ne l'ont pas employée, c'est que l'occasion ou le courage leur manqua. Il n'est pas douteux que nombre d'entre eux souhaitaient sa mort aussi ardemment que les royalistes les plus violents.

Le général Bonaparte n'était malheureusement que trop dans la vérité en sévissant contre eux, parce qu'il les regardait avec raison comme des conspirateurs endurcis, que rien ne ferait renoncer à leurs machinations contre tous les gouvernements réguliers, quel qu'en fût le nom ou la forme.

Les mesures rigoureuses que le Premier consul fit adopter contre le parti républicain violent, ou plutôt contre le parti démagogique, à la suite de l'attentat du 3 nivôse, ont été souvent blâmées. Ce jugement sévère ne tient pas, je crois, assez compte des conditions exceptionnelles dans lesquelles ces mesures furent prises. Pour juger sans prévention ces actes si graves, il ne faut pas oublier des faits dont une partie n'a été jusqu'à présent qu'incomplétement et souvent inexactement exposée.

On a presque toujours admis qu'au moment où les Républicains furent proscrits, le Premier consul avait la certitude que les auteurs de la machine infernale appartenaient au parti royaliste. Cette croyance est complétement inexacte. Si les écrivains qui accusent le général Bonaparte d'avoir fait proscrire les révolutionnaires,

quoiqu’il sût que les chouans étaient les auteurs
de la machine infernale, prenaient la peine de
lire les instructions commencées contre les premiers, ils seraient obligés de reconnaître combien ils ont été injustes. Ces instructions for-
ment cent soixante dossiers, dont quelques-uns
sont très-volumineux; on y trouve la preuve
évidente que, le 15 nivôse, le Premier consul
et Fouché lui-même ignoraient encore quels
étaient les véritables auteurs de l’attentat du
3 nivôse.

Pour bien comprendre comment le Premier
consul fut amené à provoquer les mesures rigoureuses qu’il fit adopter contre le parti républicain, il est nécessaire d’entrer dans quelques
détails. Le parti républicain exalté, les *exclusifs ou les enragés*, comme on les appelle à cette
époque, attaquent avec la dernière violence le
gouvernement consulaire. Les uns, et c’est de
beaucoup le plus grand nombre, crient contre
lui, et se contentent d’annoncer sa chute pro-
chaine.

Parmi les propos des républicains, il y en a
qui semblent ne pouvoir être tenus que par des

personnes ayant connaissance de l'attentat qui allait se commettre.

« Le Premier consul *sautera* avant peu de jours, » dit le fameux Rossignol, qui semble annoncer ainsi à l'avance le crime tenté rue Saint-Nicaise.

Il y a encore mieux que cela. Quelques jours avant l'attentat du 3 nivôse, le nommé Breton, menuisier, dit, dans un café : « Tout est prêt pour faire *sauter* Bonaparte ; le cheval ne vaut pas trente sous, et, par suite, il n'y aura pas grande perte. Toutes les divisions seront prêtes. C'est mon fils qui gardera la voiture, etc. »

Un complice, qui aurait connu le projet de Saint-Réjant, n'eût pas pu en dire davantage.

Ces propos qui, par eux-mêmes, n'auraient dénoté que la haine du parti républicain violent, empruntaient à des faits très-graves le caractère en apparence le plus sérieux. Ces faits, ce sont les affaires Humbert et autres, arrêtés le 18 fructidor ; Metge, etc., arrêtés le 11 vendémiaire ; Aréna, etc., arrêtés le 18 vendémiaire ; et surtout l'affaire Chevalier, Veycer, etc., arrêtés le 17 brumaire, au moment où ils travaillaient à confectionner une machine infernale. Pour saisir les deux derniers, on fut obligé d'enfoncer, rue des Blancs-Manteaux, la porte d'un logement dans lequel on trouva une machine infernale et une certaine quantité d'artifices de diverses natures.

Les essais faits par Chevalier étaient connus d'un nombre assez considérable de républicains exaltés. Ils donnaient à tous les propos tenus par Rossignol, Breton et autres une portée qui n'échappera à personne.

Jusqu'à preuve contraire, les révolutionnaires devaient donc être accusés d'être les auteurs de la machine infernale.

Or, cette preuve, Fouché lui-même l'acquit seulement du 23 au 29 nivôse. Jusque-là il n'eut que des soupçons vagues ; il était par suite dans l'impossibilité de prouver qu'ils étaient fondés. La preuve matérielle de ce que j'avance existe, écrite de la main même des hommes qui prirent part à l'instruction de l'attentat du 5 nivôse.

On a également beaucoup reproché à Fouché d'avoir fait le rapport à la suite duquel les républicains furent déportés, bien qu'il sût que c'étaient les royalistes qui avaient commis le crime du 3 nivôse. Ce reproche n'est pas fondé davantage. Fouché, on peut en juger par sa correspondance avec le préfet de police et par les autres pièces, ne connaissait pas plus, le 14 nivôse, les véritables auteurs du crime, que le Premier consul lui-même.

La divergence d'opinions qui existait entre eux venait de ce que le Premier consul soupçonnait les républicains, tandis que Fouché soupçonnait les royalistes. Ni l'un ni l'autre, au moment où le sénatus-consulte fut rendu, n'eût pu préciser le degré de certitude de ses soupçons, car aucun d'eux ne savait quels étaient les trois individus qui avaient préparé et exécuté l'attentat du 3 nivôse. Tout ce que la police connaissait le 14 nivôse, c'était le signalement exact d'un *seul* des trois hommes qui avaient essayé de faire sauter le général Bonaparte.

Ce fut dans la nuit du 28 au 29 seulement, par suite des aveux de Carbon, reconnu par quinze témoins, que Fouché acquit la preuve réelle que ses prévisions étaient fondées.

C'est donc une injustice de l'accuser d'avoir

prêté la main à la mesure rigoureuse prise contre les républicains, quoique certain qu'ils n'étaient pas coupables; il doit du reste s'en prendre à lui-même, car c'est son rapport du 11 pluviôse qui a fait adopter cette croyance erronée. Fouché, pour prouver son infaillibilité, altéra dans ce factum la vérité avec son impudence et son cynisme habituels. Il a fait ainsi croire qu'il avait pris part à la proscription des républicains, sachant qu'ils n'étaient pas les auteurs de l'attentat du 3 nivôse.

Quant au Premier consul, quoique ses soupçons n'aient pas été justifiés par les faits, il avait des motifs beaucoup plus graves, qu'on ne le dit généralement, d'agir comme il le fit. D'abord, l'analogie entre la machine employée pour le faire sauter, et celle inventée par Chevalier.

Puis, les exclusifs n'étaient pas seulement d'une extrême violence de paroles tenues publiquement. On peut voir, par les procès-verbaux des perquisitions faites en arrêtant ceux qui sont mis en prison, qu'ils avaient tout ce qui est nécessaire pour un coup de main. On y constate des saisies de fusils, de cartouches, de poi-

gnards, de sabres, de poudre, de balles et de
pistolets.

Qu'en présence d'hommes, tous unis par une
commune solidarité, se connaissant, annon-
çant publiquement, comme Rossignol, qu'avant
peu de jours le Premier consul sauterait, le
général Bonaparte ait pris des mesures de sûreté très-rigoureuses, les conditions dans lesquelles se trouvait la France ne l'expliquent
que trop. On pourra juger par un seul fait
de l'anarchie qui règne partout, c'est la défense faite aux voitures publiques, à partir du
20 nivôse, de sortir de Paris, sans avoir une
véritable garnison, quatre hommes et un ca-
poral, placés sur l'impériale, avec vingt cartouches par homme.

Un semblable état de choses ne pouvait pas
être toléré. De là les mesures de rigueur, prises
contre tous les hommes qui ne veulent pas se
soumettre aux lois : contre les exclusifs, la déportation; contre les chouans et les brigands
de toute espèce, les colonnes mobiles avec les
conseils de guerre qui les accompagnent.

Pour plaindre les victimes du 3 nivôse, beaucoup d'écrivains oublient volontairement qu'il y avait à peine trois ans, Sieyès et la majorité du Directoire avaient voulu faire déporter une classe entière de la société française, tous les ci-devant nobles, c'est-à-dire des milliers de vieillards, de femmes et d'enfants, complétement innocents, car le plus grand nombre n'avait jamais pris la moindre part aux luttes politiques. Il ne s'agissait pas de 130 hommes, presque tous gravement compromis par leurs actes, mais de plus de cent mille personnes, pour la plupart parfaitement inoffensives. Le Premier consul ne faisait donc, en agissant comme il le fit, que suivre, en les restreignant à une mesure relativement bénigne, les errements du parti républicain modéré. Ces écrivains oublient encore volontairement un fait grave, c'est que le Directoire avait fait transporter beaucoup plus de prêtres, uniquement à cause de leur caractère, que le général Bonaparte ne fit comprendre de républicains dans le décret du 15 nivôse.

Si l'on remontait jusqu'à l'époque de la Terreur, qu'approuvent beaucoup d'auteurs si sévères pour le Premier consul, on verrait que, comparées aux actes du parti républicain démagogique, pendant qu'il avait le pouvoir, les mesures adoptées après le 3 nivôse malgré leur rigueur seraient d'une véritable indulgence.

On s'est beaucoup apitoyé sur le sort des révolutionnaires déportés sans jugement, et on n'a fait aucune observation sur les condamnations prononcées par les conseils de guerre, contre tous les hommes, chouans et autres, qui étaient jugés et fusillés dans les vingt-quatre heures.

Il y eut des erreurs très-regrettables, commises lors de la formation de la liste des déportés républicains. Les réclamations faites par plusieurs d'entre eux le prouvent. Mais, sauf dans le premier moment, où, menacé dans sa position, Fouché fut rigoureux à leur égard, aussitôt que son intérêt personnel ne l'y contraignit plus, il devint d'une extrême tolérance. On peut s'en convaincre par un seul fait : trente-six d'entre eux sur cent trente, c'est-à-dire plus du quart, n'étaient pas arrêtés le 4 prairial, an X, un an après.

Quant aux hommes arrêtés et fusillés, par

suite des jugements des tribunaux exceptionnels ou des conseils de guerre placés à la suite
des colonnes mobiles, leur nombre est beaucoup plus considérable que celui des républicains déportés. Croit-on que dans un état
d'anarchie, comme celui où se trouvait la
France, il n'y eut pas d'erreurs commises?
On ne peut pas en douter. Il y eut là beaucoup plus de victimes qu'à Paris, où toutes
les décisions furent prises par le Premier consul lui-même, qui statue sur chaque récla-
mation dans un conseil où siégent Cambacérès,
Lebrun, Fouché et les autres ministres. Les
mentions portées sur les tableaux contenant les
réclamations des prisonniers sont formelles.
« Le Premier consul a décidé. » Je crois qu'il
serait difficile de trouver, au point de vue des
lumières, un tribunal offrant plus de garanties.
Les conseils de guerre, composés d'hommes
étrangers aux localités, dominés même malgré
eux par les passions du moment, n'ayant que
des renseignements très-incomplets sur les accusés amenés devant eux, portés à une extrême
sévérité dans l'intérêt même du pays, devaient

commettre bien plus d'erreurs. Aussi, je le répète, le nombre des victimes de cette justice sommaire fut-il très-considérable.

Que ceux qui douteraient que ces mesures étaient indispensables, lisent les journaux de cette époque; à peine si on trouve un seul numéro qui ne contienne le récit de diligences arrêtées ou de maisons saccagées par des brigands, de malheureux torturés par des chauffeurs; de tous côtés le meurtre, l'incendie, les violences les plus effrayantes, car on ne pille pas seulement, on tue, on assassine continuellement. Voilà les lamentables récits qu'on lit à chaque instant. Contre un semblable état de choses, il fallait des remèdes proportionnés au mal. De là les mesures rigoureuses que le gouvernement dut employer.

La nécessité absolue peut seule justifier d'aussi redoutables moyens. Les résultats qu'ils produisirent, c'est-à-dire le rétablissement de la sécurité publique, prouvent qu'ils étaient malheureusement indispensables.

La France était alors désolée par plusieurs milliers de brigands armés qui empruntaient une

force réelle à deux éléments également dangereux : des hommes ayant fait la guerre civile et
des déserteurs, presque tous aguerris par plusieurs campagnes. Le nombre des déserteurs à
cette époque est énorme. Pour l'armée de Li-
gurie seule, en l'an VIII, il s'élevait à plusieurs milliers ; les départements limitrophes, le
Var, Vaucluse, l'Ardèche, la Lozère, et le Gard
sont presque aussi éprouvés que l'Ouest, où se
trouvent surtout les anciens chouans. Dans les
Alpes-Maritimes se montrent les barbets ; sur les
bords du Rhin, aux environs de Cologne et de
Coblentz, existent des bandes de brigands orga-
nisées militairement, fortes de 7 à 800 hommes
armés de fusils à baïonnettes, on est obligé
d'employer contre eux plusieurs colonnes mobiles de 400 hommes chacune, avec du canon.

Qu'on ne croie pas qu'il y ait la moindre exagération dans ce que l'on vient de voir; quelques
détails et les chiffres que l'on trouvera plus loin
prouveront que ce tableau n'est que trop fidèle.

Les journaux de l'époque contiennent presque
tous les jours les récits de rencontres sanglantes
qui ont lieu entre les gendarmes, les colonnes

mobiles et les brigands; ce sont de véritables combats. Dans les six premiers mois de l'an IX, le nombre de brigands tués les armes à la main, dont la mort est légalement constatée, est de 155, sans compter les blessés qui parviennent à se sauver. Pour prendre trois ou quatre hommes barricadés dans une maison, il faut souvent faire un véritable siége. La résistance qu'ils opposent, même à des forces supérieures, est telle que la gendarmerie et la troupe éprouvent des pertes plus considérables encore que celles des malfai-teurs.

Cet état de choses déplorable est presque de l'ordre, si l'on pense à ce qu'était la France un an auparavant, au moment de la chute du Directoire.

Au commencement de l'an VIII, dans un grand nombre de départements, les prisons étaient presque aussi encombrées que durant les mauvais jours de la Terreur. Elles étaient pleines de femmes, de vieillards, de prêtres que l'on allait transporter; voilà quel avait été le résultat de la loi des otages.

Dans le Midi, des milliers de déserteurs, de

barbets, d'Enfants du soleil, de Compagnons de
Jéhu, de brigands de toute espèce tuaient et
pillaient presque impunément. En Bretagne, en
Normandie, dans le Maine, dans l'Anjou, dans
la Vendée, les républicains occupaient les villes.
Presque toutes les campagnes étaient au pouvoir
des chouans. Des deux côtés, on se livrait à
toutes sortes d'excès. Ce n'étaient pas des colonnes de quelques centaines d'hommes qu'il
avait fallu employer contre les royalistes, à la
tête desquels se trouvaient Georges, Frotté, Bourmont, Châtillon, etc. C'étaient 60,000 hommes
de troupes de lignes sous la direction du général
Brune. La guerre civile venait se joindre à la
guerre étrangère. Dans quelques affaires, à
Grandchamp, par exemple, il y eut une trentaine
de mille hommes engagés tant d'un côté que de
l'autre.

La désorganisation sociale est si absolue que
les départements les plus rapprochés de Paris n'y
échappent pas. En l'an VIII, on est obligé, dans
Seine-et-Oise, de répartir toute la force armée dis-
ponible, c'est-à-dire cent hommes d'infanterie et
cent chasseurs à cheval du 21e, dans un grand

nombre de cantonnements, pour protéger la population contre les bandes de brigands qui désolent l'Eure. Ce n'est pas tout, Ingand de Saint-Maur, un des chefs de division de Frotté, à la tête de 150 à 200 chouans, traverse l'Eure et tente d'envahir Seine-et-Oise, du côté de Breval. Il n'est repoussé qu'après plusieurs engagements très-vifs, dans lesquels les commandants de l'infanterie de ligne et de la garde nationale sont tués et le capitaine de gendarmerie blessé.

Voilà le résultat de l'anarchie développée par huit années de révolution.

Quelques mois avaient suffi au Premier consul pour terminer la guerre civile, mais non pour faire disparaître les derniers fauteurs de désordres, à Paris les républicains violents, en province quelques royalistes exaltés, et partout les hommes dont huit années d'anarchie sanglante avaient fait de véritables brigands. C'est contre ces éléments de désordre que le général Bonaparte emploie les moyens redoutables, que les hommes de parti lui ont si souvent reprochés. Ils n'ont pas suffisamment tenu compte des nécessités que lui imposait l'état général de la France.

Quelques chiffres justifieront mieux que tous les raisonnements la nécessité des mesures prises par le Premier consul.

Le nombre de brigands arrêtés dans les six premiers mois de l'an IX est de plus de 1200; 251 furent condamnés à mort pour brigandages, meurtres, incendies ou pillages; plus de 150 furent tués les armes à la main[1].

Parmi les crimes les plus connus de cette époque, on voit, dans les Alpes-Maritimes et dans le Var, des généraux et des officiers supérieurs assassinés par des barbets ou par des brigands; en Bretagne, l'évêque de Quimper, Audrein, des maires, des juges de paix, des curés assermentés furent fusillés par les chouans; le sénateur Clément de Ris fut enlevé et séquestré pendant

---

[1] Pour obtenir avec quelque exactitude le nombre des brigands tués ou condamnés à mort à cette époque, il ne faut pas se contenter de compulser le *Moniteur*; il ne donne que peu de détails. Il faut dépouiller plusieurs journaux qui sont bien plus complets pour tout ce qui concerne cet ordre de faits. C'est le résultat de ce travail, fait avec le plus grand soin, que l'on voit plus haut.

quinze jours, aux environs de Tours. La diligence de Paris à Rouen escortée par deux cavaliers et cinq fantassins fut attaquée par huit brigands ; trois hommes de troupe et deux brigands furent tués, etc., etc.

Pour pouvoir apprécier la véritable portée de beaucoup d'actes sous le Consulat, il ne faut jamais oublier que le gouvernement avait hérité des lois et des hommes de la Révolution : en voici une preuve bien piquante.

Le ministre et le préfet de police, quand ils prescrivaient des arrestations et des perquisitions, donnaient presque toujours l'ordre de saisir les papiers et les armes. Dans les procès-verbaux de perquisition, on trouve, non-seulement la mention de la saisie des armes et des papiers, mais un inventaire complet du mobilier qui garnit les appartements visités. Que peuvent faire, dans une question de complot, des matelas, des rideaux, du linge, etc., dont on constate l'existence ? Cela paraît difficile à comprendre.

En se reportant à 93, on ne trouve que trop l'explication de ce fait en apparence si bizarre. La république confisquait tous les biens meubles ou immeubles des condamnés. Ce n'était point l'État qui profitait de ces spoliations. C'étaient quelques bons citoyens qui se les faisaient adjuger pour des chiffons de papiers sans valeur. Dans la crainte que la moindre bribe de la fortune des proscrits ne leur échappât, ces grands citoyens n'avaient trouvé rien de mieux que de considérer tout accusé comme coupable, de faire dresser un inventaire de tous ses effets mobiliers au moment de son arrestation, comme s'il était déjà condamné, et de les faire mettre sous le séquestre.

Les bonnes traditions de 93 s'étaient également conservées en ce qui concerne l'exécution des jugements.

Les soi-disant philanthropes de la Convention avaient introduit dans la loi, *au nom de l'humanité*, une disposition qui a fait nombre de victimes. C'était l'exécution dans les vingt-quatre heures de toutes les condamnations à mort. Cette mesure, sous le gouvernement consulaire, a été

la cause de bien des erreurs. Les jugements
étaient exécutés dans les départements avant
qu'à Paris le gouvernement pût les connaître.
On en était arrivé à être obligé d'envoyer des
ordres de sursis en prévision d'arrêts qui n'é-
taient pas encore rendus. Dans de certaines
affaires cette disposition produisit des effets
déplorables; il y eut des condamnations, sui-
vies d'exécution, prononcées parce que les tribunaux crurent à des ordres de sursis qui
n'existaient pas.

On ne saurait trop le répéter, pour apprécier
sainement toutes les mesures de cette époque,
il faut se rendre exactement compte de l'état de
la France. Si l'anarchie révolutionnaire ne
domine plus le pays tout entier, parce que le
gouvernement lui a été arraché par le général
Bonaparte, ses fauteurs ne s'en trouvent pas
moins partout. Comprimés à Paris et dans les
villes, ils ne peuvent porter des coups dangereux à la chose publique. A Paris cependant
existait encore ce que Napoléon appelait l'état-
major des jacobins; ceux-là seuls étaient un
danger public, car seuls ils pouvaient, à l'aide

d'un coup de main, ressaisir le pouvoir et re-
plonger la France entière dans le chaos. L'attentat du 3 nivôse ne fut que le motif détermi-
nant des mesures que le Premier consul prit
contre eux; la cause réelle fut le mal que leurs
machinations pouvaient causer au pays dans un
moment de crise.

Les passions et les mots jouent en France un
rôle désolant dans les affaires politiques. Presque
tous les écrivains qui ont été le plus sévères à
propos du sénatus-consulte du 15 nivôse, n'ont
blâmé cet acte que parce qu'il atteignait *les républicains*. Ils trouvent au contraire toutes natu-
relles; si ce n'était pas une monstruosité j'allais
dire presque justes, les mesures les plus cruelles
qui atteignent les royalistes.

Les hommes qui protestèrent le plus vivement
contre la mise en surveillance des républicains
le 3 nivôse, faisaient maintenir avec la plus
grande rigueur les lois terribles qui frappaient
les émigrés, les chouans amnistiés et les prêtres
non assermentés; dans un grand nombre de cas,
c'était la peine de mort prononcée par des commissions militaires, la déportation ou au moins

la détention illimitée par mesure de sûreté générale.

Les émigrés rentrés, les prêtres non assermentés, les chouans amnistiés, sont tous sous la surveillance de la haute police, c'est-à-dire soumis au régime que le Premier consul applique aux démagogues le 3 nivôse. Il ne s'agit pas de 130 hommes, il s'agit de centaines de milliers d'hommes, de vieillards, de femmes et d'enfants que la république a dépouillés de leur fortune. La loi des otages soumettait leurs parents à la même législation. On voit, par des *milliers de réclamations*, que les dispositions terribles qui les concernent leur sont appliquées avec la dernière rigueur. Au moindre soupçon on les arrête, et on les tient indéfiniment en prison. Par mesure de sûreté générale, l'exil loin de Paris ou des départements où ils étaient nés leur est à tout instant appliqué. Un certain nombre d'entre eux furent fusillés par jugement des commissions militaires. Les défenseurs des républicains trouvent cet état de choses tout naturel; ils crient à la trahison quand on l'adoucit le moindrement : ce sont leurs ennemis. Mais

quand il s'agit des terroristes, c'est tout différent : ce sont des amis, des patriotes, comme on
dit alors ; ils sont inviolables, on pourrait presque dire impeccables, quelques crimes qu'ils
aient pu commettre. Telle est, et telle sera malheureusement toujours, en temps de révolution,
la justice de tous les partis, surtout du parti
républicain, le plus bruyant et le plus violent
de tous.

En 1832 nous avons vu encore cette singulière
anomalie : les mêmes hommes qui ne trouvaient
pas d'expressions assez énergiques pour flétrir
l'état de siége à Paris, l'approuvaient en Vendée.

Même en se plaçant au point de vue de ces
écrivains, le blâme qu'ils ont infligé au Premier
consul n'est pas mérité. Les hommes qu'il fit
proscrire, les enragés ou les exclusifs, comme on
les appelle alors, les démagogues pour leur
donner leur véritable nom, n'étaient pas de véritables républicains ; c'étaient au contraire des
révolutionnaires, c'est-à-dire les ennemis les
plus redoutables de la république, car, plus
que tous autres, ils en rendaient impossible l'or-
garnisation et par suite l'existence. Les véritables

républicains, à cette époque, c'étaient presque tous les hommes qui se trouvaient à la tête du gouvernement et de l'armée.

Le général Bonaparte, en frappant les exclusifs qui rendaient impossible d'organiser un gouvernement régulier, ne faisait qu'accomplir le devoir qui incombait au premier magistrat de la république, à l'homme de guerre éminent auquel la France entière, si cruellement éprouvée par huit années d'anarchie sanglante, demandait l'ordre sans lequel les sociétés, quelles que soient les constitutions qui les régissent, ne peuvent exister.

PIÈCES JUSTIFICATIVES

N° 1.

DÉPOSITION DU GRENADIER A CHEVAL DURAND.

Le Président. — Volre nom ?

Le Témoin. — Nicolas Durand.

Le Président. — Votre âge ?

Durand. — Vingt-huit ans.

Président. — Votre état ?

Durand. — Grenadier à cheval de la garde des Consuls.

Président. — Votre demeure ?

Durand. — Au bureau des coches.

Président — Connaissiez-vous les accusés

avant les faits mentionnés dans l'acte d'accusation ?

DURAND. — Non, citoyen.

PRÉSIDENT. — Déclarez aux citoyens jurés les faits qui sont à votre connaissance.

DURAND. — Citoyens, le 3 nivôse je me suis trouvé de service chez le Premier consul. A huit heures du soir, le Premier consul fut à l'Opéra ; je me trouvais être *de l'escorte devant sa voiture ;* lorsque je passais dans la rue Saint-Nicaise, je vis cette voiture qui faisait le travers et qui barrait à peu près la moitié du passage ; au même moment, il se trouva une voiture de place. *J'étais une vingtaine de pas en avant de la voiture du consul ;* il fallait que je lui fisse place. Je me portai en avant pour faire avancer la voiture de place ; si je l'eusse fait reculer, il aurait fallu que la voiture du consul arrêtât, elle n'aurait pas pu passer ; j'avançai même sur le cocher de cette voiture, menaçant avec mon sabre ; je poussai mon cheval, il passa entre ces deux voitures ; *il a eu mal à la jambe de cette affaire,* le cheval de la charrette faisait face au mur ; enfin, le cocher passe. Le cocher étant passé, nous continuâmes notre route ; je regardai même derrière moi ; *j'avais aperçu que le consul était tout près de moi : j'ai vu que le cocher du consul avait fait un temps d'arrêt à ses chevaux, parce qu'il voyait qu'il y avait de l'embarras.*

Nous continuâmes notre route. Lorsque nous fûmes dans la rue de la Loi, environ une quinzaine de pas dans cette rue, le coup part. *Je dis à mes camarades :* C'est un coup de mitraille. Plusieurs me dirent : Non, c'est aujourd'hui qu'on annonce la prise de Mantoue, et c'est certainement le canon de réjouissance. Moi je dis : C'est une espingolle tirée de quelque maison, ou un canon à mitraille ; ce ne peut être autrement.

Nous continuâmes notre route jusqu'au théâtre de la République. Étant là, j'allais de droite et de gauche, parce que j'avais entendu la mitraille passer par-dessus nous, ainsi que les glaces et les tuiles qui tombaient dessus nous ; je regardais si on n'allait pas redoubler.

A la République, le consul s'arrêta. Il fit venir l'officier qui nous commandait, et lui demanda s'il y avait quelqu'un de blessé. On lui fit réponse que non ; qu'il y en avait un seulement qui avait reçu une égratignure sur la main par une tuile qui était tombée.

Nous continuâmes jusqu'à l'Opéra ; et, étant entré, j'ai entendu dire qu'au moment du coup, la voiture du Premier consul s'est penchée ; elle s'est mise un peu sur une roue, comme si elle eût voulu verser : les glaces ont été cassées.

PRÉSIDENT. — Citoyen, c'est une petite voiture que vous avez aperçue, une petite charrette ?

DURAND. — Oui, citoyen.

PRÉSIDENT. — N'était-elle pas couverte ?

DURAND. — *Je n'y ai pas fait attention.*

PRÉSIDENT. — N'était-elle pas attelée d'un petit cheval ?

DURAND. — Il y avait un cheval noir qui faisait face au mur.

PRÉSIDENT. — Avez-vous vu des personnes auprès ?

DURAND. — *Je n'ai vu personne auprès.*

PRÉSIDENT. — Avez-vous remarqué s'il y avait un amas de pierres dans la rue ?

DURAND. — Il y avait des pierres dans la rue pour empêcher de passer.

PRÉSIDENT. — A l'endroit où était la voiture ?

Durand. — Un peu plus avant, en tournant dans la rue.

Président. — Vous ne connaissez aucun des accusés?

Durand. — Non, citoyen.

Président. — Accusé Carbon, avez-vous quelque chose à répondre?

Carbon. — Non, citoyen.

Président. — Vous avez déclaré qu'on avait ramassé des pierres en venant; il paraît que c'était pour les mettre dans la rue Nicaise, et causer de l'embarras?

Carbon. — Il n'y en avait pas beaucoup, il y en avait peut-être sept à huit.

N° 2.

LE MINISTRE DE LA POLICE GÉNÉRALE DE LA RÉPUBLIQUE

AU PRÉFET DE POLICE A PARIS.

Paris, le 23 nivôse an IX de la République.

Je vous transmets ci-joint, citoyen préfet, une

note relative à la personne connue sous le nom du *Petit François*; faites sur-le-champ usage des renseignements qu'elle contient, et rendez-moi compte du résultat de vos recherches.

Le Ministre de la police générale,

FOUCHÉ [1].

Pour le chef du bureau particulier,

DATRIE.

MINISTÈRE DE LA POLICE GÉNÉRALE

DE LA RÉPUBLIQUE.

Note sur le nommé François Jean Corbon, dit le petit François.

Le nom de *Petit François* est celui de François-Jean *Corbon*, natif de Saint-Sulpice, faubourg Saint-Germain de la cité de Paris; il doit avoir quarante-trois ans, sa taille est de cinq

------

[1] La signature de Fouché est faite avec une griffe, sur le coin de cette dépêche, qui est tellement urgente qu'en l'absence de Fouché et de Desmarets elle est transmise par un agent subalterne. On voit écrit de la main de Dubois :

« Marlier et Mercier sont chargés de cette affaire, dont ils rendront compte demain 24. »

pied cinq à six lignes ; il était vêtu d'une redingote et pantalon gris, gilet bleu, chapeau à
trois cornes ; il a les cheveux et sourcils châtains
foncés, yeux bleus et nez épaté, bouche moyenne,
menton rond, barbe blonde, front haut, ayant
une cicatrice. Tel est le signalement qui m'en a
été donné le 3 floréal, an VIII.

Il dit être chirurgien de campagne, avoir
demeuré longtemps aux forges de Port-Brillet,
commune d'Olivet, avoir été à Paris pendant
deux ans avant la dernière chouannerie ; il
demeurait alors chez le citoyen Chevalier,
marchand de vin, rue du Faubourg et Porte
Saint-Martin, il n'a pu dire le numéro. Il n'est
pas marié. Il avait alors un passe-port d'ex-
marin qui lui a été délivré par la municipalité
de Laval, sur son billet de reddition, comme
ayant navigué autrefois sur plusieurs vaisseaux
de l'État, et notamment sur celui dit *le Saint-
Esprit*, vaisseau de quatre-vingt, capitaine
Leroux, en 79 ; il a une sœur qui demeurait il y
a deux ans chez ledit Chevalier, marchand de
vin, rue du Faubourg et Porte Saint-Martin à
Paris.

MINISTÈRE DE LA POLICE GÉNÉRALE.

23 nivôse an IX.

Note au Préfet de police.

Le petit François auquel s'applique le signalement de l'homme qui a acheté le cheval et la charrette, s'appelle Jean-François *Charbon;* il est né à Paris, faubourg Saint-Germain ; avant la dernière guerre de l'Ouest, il a demeuré à Paris pendant deux ans chez le nommé Chevalier, marchand de vin, rue du Faubourg et Porte Martin ; sa sœur demeurait il y a deux ans chez ce même marchand de vin ; il avait autrefois un passeport d'ex-marin délivré par la municipalité de Laval.

La sœur du petit François demeure peut-être encore dans le même endroit. D'après la déclaration de Lambel, le petit François avait annoncé demeurer vers la rue Saint-Martin, chez sa sœur. En dirigeant les recherches avec précaution, peut-être pourra-t-on avec ces renseignements découvrir l'endroit où il est caché.

N° 3.

AU PRÉFET DE POLICE.

25 nivôse an IX.

Prendre des renseignements sur la fille Carbon chez Chevalier où elle demeurait il y a deux ans.

Si Chevalier se tient sur la réserve pour les renseignements qu'on cherche à obtenir de lui avec adresse, il faut le faire arrêter, le tenir au secret et l'interroger d'une manière précise sur la fille Carbon et son frère.

Recherchez Carbon avec toute l'activité et l'énergie possible.

Le ministre de la Police,

FOUCHÉ.

N° 4.

LETTRE DE CARBON ADRESSÉE AU CITOYEN HENRY, CHEF DE BUREAU A LA PRÉFECTURE DE POLICE.

Monsieur, j'ai pran la liberté de vous écrire pour vous prévevenire que je ves etre interrogé aujourduit jai été rasé ce matin si vous vouliez avoir la bonté de me faire remete mon cravate qui est resté chez Blangevile j'ai vous en soré bien obligé si il été possible que l'on puisse me faire passe quelque petite chause pour mes petits besoins j'ai vous en auré toutes les obligation possible mon cher monsieur j'ai me recommande toujours bien à votre humanité ainsi qua selle du citoyen préfet et qua selle du ministre de polisse et a celle du premier consulte comme Vous me lavez promis je suis toujours en atandant loneur de votre protection jai suis et je soré toujour fidelle a la justice.

Jai suis en attendant le plaisir de vous voir,

J'ai suis votre très hum et très hobeisant serviteur,

François-Jean CARBON.

Vous aurez la bonté de mexcusé de mon stile
car je ne sait pas mieux meplicque.

N° 4 bis.

(CARBON.)

Voici encore une autre pièce qui prouve que
Carbon espérait échapper à la peine de mort.

Le 7 germinal de l'an IX.

Nous, secrétaire général de la préfecture de
police, nous étant rendu aujourd'hui, à onze
heures et demie, au greffe du tribunal criminel,
pour entendre le nommé François-Jean Carbon,
dit le petit François, dit Constant, ainsi qu'il en
avait témoigné le désir; et l'ayant de suite fait
amener devant nous pour savoir ce qu'il avait à
nous communiquer;

Il nous a dit qu'étant persuadé que c'est Georges, ci-devant général en chef de l'armée catholique royale de Vannes, qui a fourni à Limoëlan et à Saint-Réjant, dit Soyer, dit Pierrot, l'argent qu'ils ont dépensé, tant pour se rendre à Paris, que pendant le séjour qu'ils y ont fait, jusqu'au mois de nivôse dernier ; qu'il est également persuadé, de la manière la plus forte, que c'est le général Georges, dont le premier était major général, et le second chef de division, qui les a envoyés à Paris pour assassiner le Premier consul, afin de faire changer la face des affaires, mais qu'il ne pouvait rien affirmer à cet égard : n'en ayant jamais eu la preuve ; que, présumant fortement que Georges est resté dans le Morbihan, pour maintenir les esprits dans les sentiments qu'ils avaient précédemment manifestés, il ne doute pas, lui déclarant, qu'il ne parvienne à découvrir sa retraite, s'il était conduit dans ce département sous bonne escorte, et qu'il pourrait obtenir à cet égard les renseignements nécessaires de M. de la Haye, ci-devant maître de forges de Saint-Brieux qui est un fort honnête homme et connaît beaucoup Georges qui est enfant du pays ;

Qu'il croit que Saint-Victor pourrait se trouver du côté de Vitré, où il a commandé comme
chef de légion.

Signé : François-Jean Carbon.
Pus.

N° 5.

NOTE ENVOYÉE PAR ORDONNANCE AU PRÉFET
DE POLICE.

Nom des hommes à rechercher directement
pour l'attentat du 3, mais avec prudence. *Ce
sont les vrais coupables.*

Limoëlan, dit Beaumont.

Joyau, dit d'Assas (le signalement du grand
lui est applicable).

Lahaye Saint-Hilaire, dit Raoul Duboisguy.

Saint-Réjant, dit Pierrot.

Tous officiers de Georges, et venus clandes-
se tinement à Paris où ils sont toujours tenus
cachés.

Le petit François qui se tenait souvent à l'hôtel de Mayenne, servant un ou deux de ceux-là, depuis qu'il avait quitté Châteauneuf ou Achille le Brun.

DESMARETS.

Cette note, qui est de la main de Desmarets, ne porte pas de date, maison voit par les ordres donnés aux agents chargés des mesures d'exécution, qu'elle doit être du 25 nivôse dans la nuit ou du 26 au matin.

———

N° 6.

Ploërmel, le 30 pluviôse an IX.

J'ai reçu, mon cher frère, votre lettre du 19 courant ; jugez de mon état par votre affreuse situation. Il me sera facile d'avoir les certificats que vous désirez; la *voie* publique est pour vous ; tout le monde avoue que toujours il vous a répugné de faire verser une goutte de sang. Proscrit il vous a fallu vous mettre dans un parti qui pût vous conserver les jours. La sagesse du gouvernement, sa modération et sa force, tout contribue à me rassurer sur votre sort. Prenez un défenseur, soit le citoyen Chauveau de la Garde, le citoyen le Bon, ou tel autre que votre confiance désirera; assurez-le bien de ma part qu'au premier avis de vous je lui ferai tenir les fonds que vous désirez. Dès aujourd'hui et de tous mes moyens je vais m'en occuper. Courage, mon cher frère, tâchez de supporter vos peines. Forte de votre conscience, j'espère vous revoir sous peu. La paix, cette paix si désirée et si désirable me donne encore plus d'espoir que jamais. C'est un moment d'indulgence, le gouvernement vous l'accordera.

Je vous embrasse de tout mon cœur et suis votre tendre sœur.

ORIEULX.

(SAINT-RÉJANT)

AU CITOYEN HENRY, A LA PRÉFECTURE.

Citoyen,

Je vous prie de vouloir bien me faire le plaisir de me faire passer vingt-quatre livres, de l'argent qui est chez le citoyen préfet ; vous obligerez celui qui a l'honneur d'être avec respect,

Citoyen, votre très-humble serviteur,

SAINT-RÉJANT.

Ce 4 février.

AU MÊME.

Citoyen,

Je vous prie de vouloir bien me faire le plaisir de me faire passer, par le porteur, une chemise, un mouchoir.

Vous obligerez celui qui a l'honneur d'être avec respect,

Citoyen, votre très-humble serviteur,

SAINT-RÉJANT.

Ce 7 ventôse.

AU CITOYEN HENRY, CHEF DE BUREAU

J'ai (*sic*) vous avais écrit hier pour vous prié (*sic*) de vouloir bien me faire le plaisir de me faire passer vingt-quatre livres. Il paraît que vous n'vez (*sic*) pas reçu. Je vous prie de vouloir bien en faire la demande pour moi au citoyen préfet, et en même temps me faire passer du linge, vous obligerez celui qui a l'honneur d'être avec respect,

Citoyen, votre serviteur,

SAINT-RÉJANT.

————

Ce 1er floréal an IX.

Nous, secrétaire général de la préfecture de police, etc., étant à la Conciergerie pour entendre les révélations de Robinault de Saint-Réjant, condamné à la peine de mort, déposé en ladite prison pour l'exécution de son jugement qui aura lieu aujourd'hui, lequel nous a dit que quelques jours après l'événement du 3 nivôse, se trouvant au café de Foy, palais du Tribunat, il eut besoin d'aller au latrines, et y étant, il entendit deux particuliers qui s'entretenaient de cet événement et qui disaient qu'un nommé François n'était point coupable de cet événement, qu'il n'était qu'un des instruments dont on s'était servi, mais qu'il n'a pas vu et ne connaît point ces particuliers.

A lui demandé s'il n'a pas de révélations plus importantes à faire et qui aient rapport à la sûreté du gouvernement.

A répondu que non.

A lui représenté une lettre qui lui a été adressée hier à Bicêtre, timbrée 29 c., a dit ne pas connaître l'auteur de l'adresse.

A lui représenté l'existence de ladite lettre commençant par ces mots : « rassure-toi, » finissant par ceux-ci : « t'embrasser bientôt, » et demandé s'il reconnaît l'écriture de cette lettre qui n'est point signée, a répondu qu'il ne la reconnaît pas. Lecture faite, audit Robinault, de ce qui est ci-dessus, et de l'autre part, a déclaré que le tout contient la vérité, et a signé :

Saint-Réjant.

Le commissaire du gouvernement vient d'informer le ministre des déclarations faites par Carbon et Saint-Réjant.

· Le ministre me charge de prier le préfet de les lui faire passer de suite.

Salut bien sincère.

DESMAREST.

N° 7.

PRÉFECTURE DE POLICE.

18 ventôse an IX.

Nous conseiller d'État, préfet de police, avons fait comparaître devant nous Georges Cadoudal, et l'avons interrogé ainsi qu'il suit :

Demande. — Que veniez-vous faire .à Paris ?

Réponse. — Je venais pour attaquer le Premier consul.

D. — Quels étaient vos moyens pour attaquer le Premier consul ?

R. —J'en avais encore bien peu ; je comptais en réunir...

D. — De quelle nature étaient vos moyens d'attaque contre le Premier consul ?

R. — Des moyens de vive force.

D. — Aviez-vous beaucoup de monde avec vous?

R. — Non, parce que je ne devais attaquer le Premier consul que lorsqu'il y aurait un prince français à Paris, et il n'y est point encore.

D. — Vous avez, à l'époque du 3 nivôse, écrit à Saint-Réjant, et vous lui avez fait des reproches de la lenteur qu'il mettait à exécuter vos ordres contre le Premier consul?

R. — J'avais dit à Saint-Réjant de réunir des moyens à Paris, mais je ne lui avais pas dit de faire l'affaire du 3 nivôse.

PARIS. — IMP. SIMON RAÇON ET COMP., RUE D'ERFURTH, 1.

Contraste insuffisant

NF Z 43-120-14